MW01201405

# ESSENTIAL KOREAN **IDIOMS**

# ESSENTIAL KOREAN IDIOMS
**300 Idioms to Upgrade Your Korean**


| | |
|---|---|
| Publisher | Kim Hyunggeun |
| Editor | Park Jiyoung |
| Copy Editor | Christine Kwon |
| Proofreader | Anna Bloom |
| Illustrator | Joo Hyojoon |
| Designers | Park Mijeong, Jung Hyunyoung |



Copyright © 2017 by Jeyseon Lee, Youseon Lee
All Rights Reserved.
No part of this book may be reproduced or utilized in any form or by any means without the written permission of the publisher.



Published in 2017 by Seoul Selection U.S.A., Inc.
4199 Campus Drive, Suite 550, Irvine, CA 92612, USA

Phone: 949-509-6584 / Seoul office: 82-2-734-9567
Fax: 949-509-6599 / Seoul office: 82-2-734-9562
E-mail: hankinseoul@gmail.com
Website: www.seoulselection.com

ISBN: 978-1-62412-100-5 52700
Library of Congress Control Number: 2017953804

Printed in the Republic of Korea

# ESSENTIAL KOREAN IDIOMS

## 300 Idioms to Upgrade Your Korean

JEYSEON LEE | YOUSEON LEE

Seoul Selection

# Preface

**Essential Korean Idioms**는 외국인 학습자의 한국어 관용어 학습을 돕기 위해 제작되었습니다. 관용어는 한국인의 일상 대화에서 빈번하게 사용되지만, 외국인 학습자에게 이를 가르치기 위해 만들어진 교재는 시중에 많이 나와 있지 않습니다. 미국에서 오랜 기간 한국어를 가르치면서, 관용어를 익히고, 이를 문장이나 대화에서 사용하는 데 어려움을 느끼는 많은 학생들을 만났습니다. 우리는 학생들이 관용어를 더욱 쉽게 배우고 이해하는 데 도움을 주고자 수업 자료를 개발하게 되었습니다. 이 책은 실제 수업에서 가르치면서 효과적이었던 자료들을 정리하고, 국립 국어원(2011)의 '국제 통용 한국어 교육 표준 모형' 가이드라인에 맞게 관용어 항목을 확장해서 엮은 것입니다. 아울러 학교 수업뿐 아니라 개인이 혼자서 공부할 수 있도록 구성되었기 때문에 관용어를 익히고자 하는 학습자라면 누구든지 쉽게 활용할 수 있습니다.

**책의 구성을 살펴보면,** 우선 학생들은 유닛 앞머리에 제시된 대화 예문을 통해 각각의 관용어가 실제로 어떻게 쓰이는지 읽어 보고, 대화 속 관용어의 문자 그대로의 의미를 추측해 봅니다. 많은 학생들이 관용적 의미뿐 아니라 각 단어의 본래 뜻을 알고 싶어 하므로 이 부분은 영어권 학습자들에게 중요한 첫 단계입니다. 〈핵심표현 익히기〉는 앞서 소개된 관용어의 의미를 영어와 한국어로 설명합니다. 이 단계에서 학습자들은 자신이 예상한 관용어의 뜻과 실제 뜻을 비교해 보고, 관용어의 의미를 더 잘 기억할 수 있습니다. 이렇게 각 관용어의 의미를 파악한 후 대화 예문 형식의 〈연습 문제〉를 풀어 봄으로써 학습자 스스로가 관용어를 정확히 이해했는지 확인할 수 있습니다. 마지막으로 〈친구와 함께해요〉 인터뷰 활동에서는 실제 대화에서 관용어를 사용하는 연습을 하고, 상대방이 어떻게 관용어를 쓰는지 듣고 관찰할 수 있습니다. Essential Korean Idioms는 이처럼 각 관용어를 단계적으로 학습하는 것을 중점에 두고 개발되었기 때문에, 관용어의 뜻은 알아도 이를 실제 생활에서 응용하는 데 어려움을 느끼는 학습자를 도울 수 있습니다. 동시에 더욱 다양하고 재미있는 방법으로 한국어를 공부를 할 수 있도록 해줄 것입니다.

**관용어 자료로 수업하는 과정에서,** 관용어를 어렵게만 생각했던 학생들이 흥미를 가지고 공부하는 모습을 보며 커다란 보람을 느꼈습니다. 드라마나 예능 프로그램에 수업 시간에 배운 관용어가 나와 알아들었다며 기뻐하던 학생들의 얼굴이 아직도 눈에 선합니다. 이 책으로 공부하는 학습자들을 일일이 만나 볼 수는 없겠지만, 분명히 관용어를 알아가며 한국어에 더욱 재미를 느끼고 더 나아가 한국 문화에도 관심을 갖게 될 것이라고 믿으며, 또 그렇게 되길 기대합니다.

**마지막으로 Essential Korean Idioms**가 나올 수 있도록 도와주신 서울 셀렉션의 김형근 대표님과 이진혁 팀장님, 그리고 멋진 그림과 편집으로 이 책을 더욱 빛나게 만들어 주신 편집팀 여러분에게 감사의 마음을 전합니다. 이 책을 통해 한국어를 배우는 많은 외국인 학습자들이 쉽고 재미있게 관용어를 익힐 수 있기를 진심으로 바랍니다.

2017년 8월 샌디에이고에서

**이지선, 이유선**

**'Essential Korean Idioms'** was created to provide foreign learners of Korean with a helpful resource on idioms. Despite how frequently idioms are used in everyday speech in Korean, few learning materials have been produced to teach such idioms to foreign learners of the language. In our many years teaching Korean in the United States, we often found students struggling to familiarize themselves with idioms and use them properly in sentences and in speech. With an eye to such challenges, we developed teaching materials that would help our students easily learn and understand Korean idioms. This book collects and expands on the actual materials we used to great effect in our classes, with additional idioms included to reflect the guidelines outlined in the National Institute of Korean Language's curricular standards for Korean language education. Designed for classroom use as well as individual study, this book can be readily used by anyone needing instruction in Korean idioms.

**Using the dialogue at the beginning** of each chapter, students can get a sense of how specific idioms are actually used in daily speech and try to guess their literal meaning. As students are typically interested not only in the figurative meaning of idiomatic expressions but also the literal meaning of the expression's individual elements, this is an important first step, particularly for English-speaking learners of Korean. The next section provides definitions in Korean and English for each idiom. Students can compare these with the meanings they guessed at beforehand, a process that will help them to better remember the right definitions. Once students have understood what the idioms mean, they can use the next section, which provides practice questions, to test their retention. The next and final section outlines an interview activity that students can complete to get practice using the idiom in actual conversation and to hear and observe how it is used by others. The development of this book was rooted in large part in our understanding of the importance of this kind of step-by-step process in learning idioms properly. For this reason, it not only benefits learners having difficulty using the idioms they learn but is also a valuable resource for discovering diverse, fun ways to study Korean.

**After we began using the materials in this book** in our classes, we were deeply gratified to see students who once struggled with idioms become much more enthusiastic about learning. We can still remember the faces of our students as they proudly shared that they'd heard the idioms they'd learned in class being used on TV and actually understood them. Though we may never meet all of the people who use this book, we are confident and expectant that the time they spend learning idioms will make their experience studying Korean much more enjoyable and deepen their appreciation for and interest in Korean culture.

**Last but not least, we would like to** express our gratitude to our publisher Kim Hyunggeun at Seoul Selection and publications manager Lee Jinhyuk, as well as the skilled designers and editors who brought 'Essential Korean Idioms' to splendid fruition. We hope many foreign learners of Korean will find this book a helpful tool that makes learning idioms easier and more fun.

**Jeyseon Lee, Youseon Lee**
San Diego, California
August 2017

# How to Use This Book

- *Essential Korean Idioms* outlines the meaning and usage of idioms used in everyday speech in Korean.
- This book contains 30 units, with each unit featuring 10 idioms.
- Learn and study idioms step-by-step through a dialogue, a warm-up quiz, practice questions, and an interview activity.

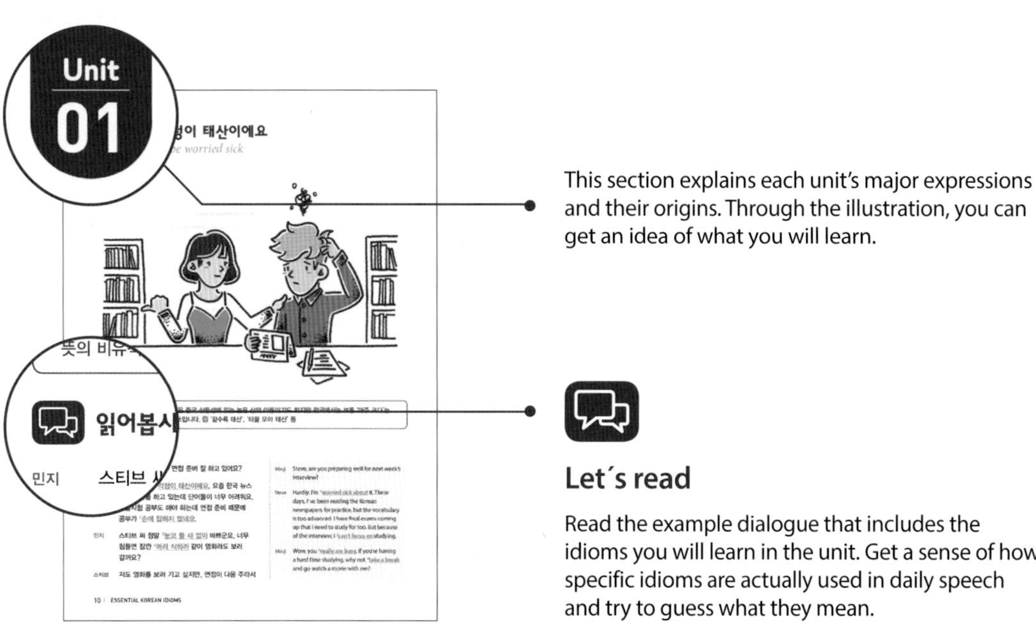


This section explains each unit's major expressions and their origins. Through the illustration, you can get an idea of what you will learn.

## Let's read

Read the example dialogue that includes the idioms you will learn in the unit. Get a sense of how specific idioms are actually used in daily speech and try to guess what they mean.

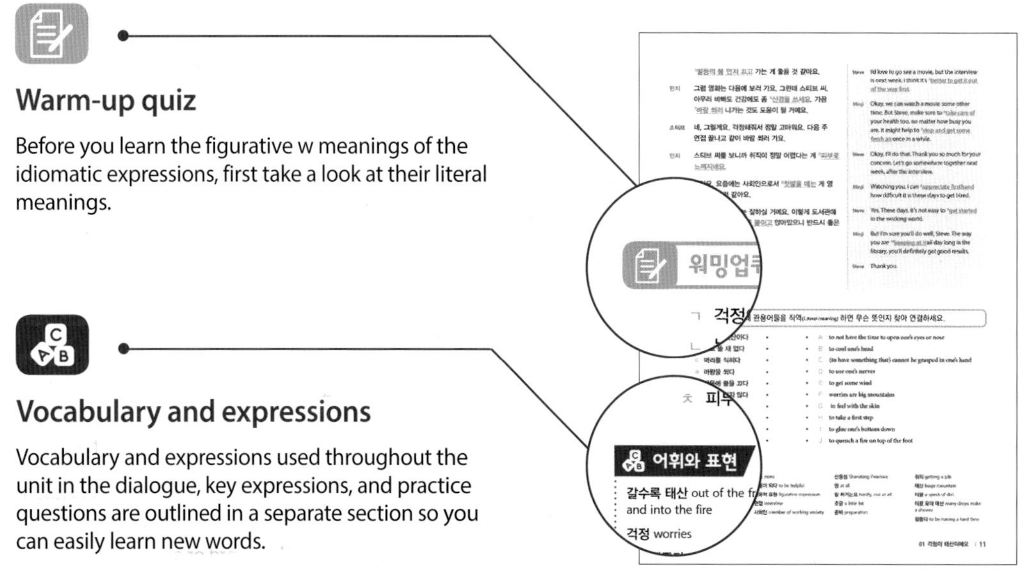


## Warm-up quiz

Before you learn the figurative w meanings of the idiomatic expressions, first take a look at their literal meanings.

## Vocabulary and expressions

Vocabulary and expressions used throughout the unit in the dialogue, key expressions, and practice questions are outlined in a separate section so you can easily learn new words.

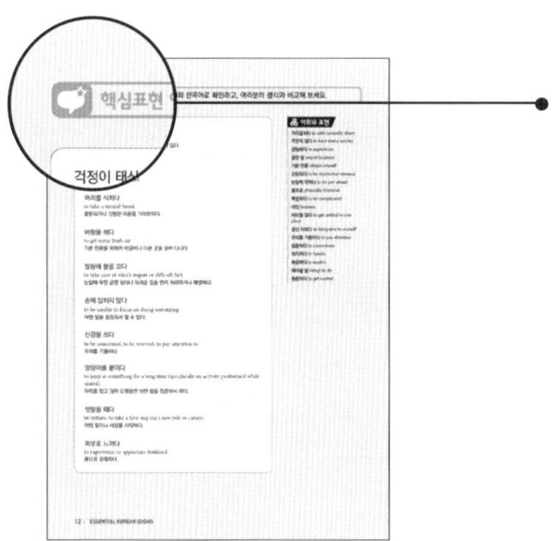

## Key expressions

Read the definitions in Korean and English for each idiom. Compare them with the literal meanings you learned in the warm-up quiz. This will help you understand and remember the meanings of the idioms as they are used in everyday speech.

## Practice questions

Through the practice questions, you can check that you've learned the idiomatic expressions accurately. In Step 1, read the English definition and try to write the correct Korean idiom. In Step 2, read the short dialogues and fill in the idioms that should be used in the context.

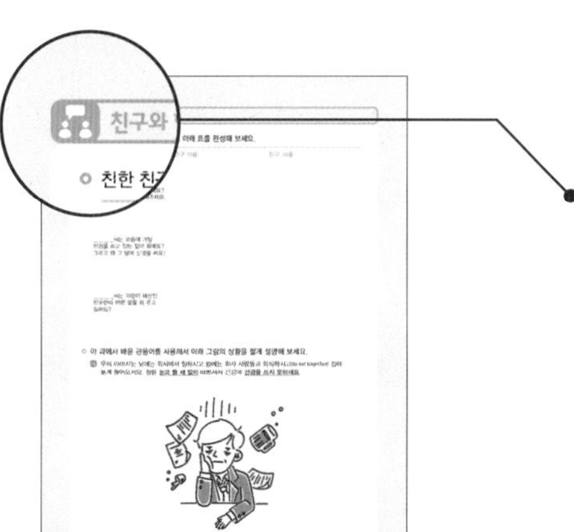

## Interview activity

Participate in an interview activity. Use the idioms you learned. Practice explaining the given illustration. You can check out how these idioms can be applied in actual conversation.

### Abbreviations used in this book

- **Active verb (act.) / 능동사 (능):** when the verb is active, the subject of the verb is doing the action.
- **Antonym (ant.) / 반의어 (반):** a word with a meaning that is opposite to the meaning of another word
- **Causative verb (caus.) / 사동사 (사):** a verb used to indicate that the subject of a sentence makes–or helps make–something happen and is not doing the action itself
- **Intransitive verb (vi.) / 주동사 (주):** a verb that indicates a complete action without being accompanied by a direct object
- **Passive verb (pass.) / 피동사 (피):** when the verb is passive, the subject undergoes the action rather than doing it.
- **Related word (cf.) / 참조어 (참):** a word which can be used as reference or comparison with other words
- **Slang / 비속어 (비):** a coarse, crude, or obscene word or phrase
- **Synonym (syn.) / 동의어 (동):** a word or expression that has the same meaning as another word or expression.
- **Transitive verb (vt.) / 타동사 (타):** a verb that requires one or more objects to indicate a complete action

# Contents

# 걱정이 태산이에요

*to be worried sick*

✓ '걱정이 태산이에요'의 '태산'은 중국 산둥성에 있는 높은 산의 이름이기도 하지만 한국에서는 보통 '아주 크다'는 뜻의 비유적 표현으로 많이 쓰입니다. 예 '갈수록 태산', '티끌 모아 태산' 등

## 읽어봅시다

민지　스티브 씨, 다음 주 면접 준비 잘 하고 있어요?

스티브　잘 하기는요. [1]걱정이 태산이에요. 요즘 한국 뉴스 읽기 연습을 하고 있는데 단어들이 너무 어려워요. 기말시험 공부도 해야 하는데 면접 준비 때문에 공부가 [2]손에 잡히지 않네요.

민지　스티브 씨 정말 [3]눈코 뜰 새 없이 바쁘군요. 너무 힘들면 잠깐 [4]머리 식히러 같이 영화라도 보러 갈까요?

스티브　저도 영화를 보러 가고 싶지만, 면접이 다음 주라서

**Minji** Steve, are you preparing well for next week's interview?

**Steve** Hardly. I'm [1]worried sick about it. These days, I've been reading the Korean newspapers for practice, but the vocabulary is too advanced. I have final exams coming up that I need to study for too. But because of the interview, I [2]can't focus on studying.

**Minji** Wow, you [3]really are busy. If you're having a hard time studying, why not [4]take a break and go watch a movie with me?

[5]발등의 불 먼저 끄고 가는 게 좋을 것 같아요.

민지　그럼 영화는 다음에 보러 가요. 그런데 스티브 씨, 아무리 바빠도 건강에도 좀 [6]신경을 쓰세요. 가끔 [7]바람 쐬러 나가는 것도 도움이 될 거예요.

스티브　네, 그럴게요. 걱정해줘서 정말 고마워요. 다음 주 면접 끝나고 같이 바람 쐬러 가요.

민지　스티브 씨를 보니까 취직이 정말 어렵다는 게 [8]피부로 느껴지네요.

스티브　맞아요. 요즘에는 사회인으로서 [9]첫발을 떼는 게 영 쉽지 않은 것 같아요.

민지　그래도 스티브 씨는 잘하실 거예요. 이렇게 도서관에 하루 종일 [10]엉덩이를 붙이고 앉아있으니 반드시 좋은 결과가 있을 거예요.

스티브　고마워요.

Steve　I'd love to go see a movie, but the interview is next week. I think it's [5]better to get it out of the way first.

Minji　Okay, we can watch a movie some other time. But Steve, make sure to [6]take care of your health too, no matter how busy you are. It might help to [7]stop and get some fresh air once in a while.

Steve　Okay, I'll do that. Thank you so much for your concern. Let's go somewhere together next week, after the interview.

Minji　Watching you, I can [8]appreciate firsthand how difficult it is these days to get hired.

Steve　Yes. These days, it's not easy to [9]get started in the working world.

Minji　But I'm sure you'll do well, Steve. The way you are [10]keeping at it all day long in the library, you'll definitely get good results.

Steve　Thank you.

## 워밍업퀴즈 아래 관용어들을 직역(Literal meaning) 하면 무슨 뜻인지 찾아 연결하세요.

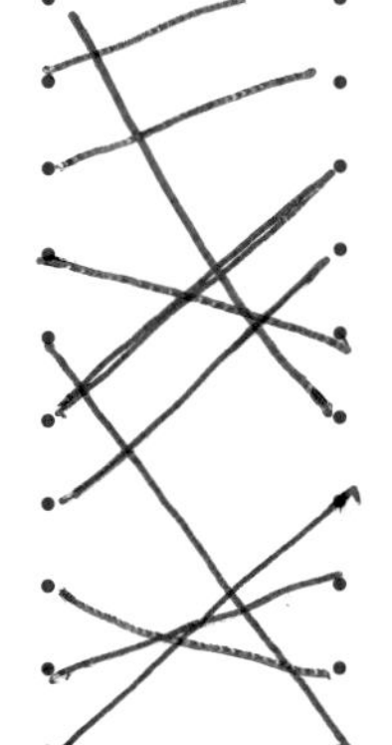

| | | | |
|---|---|---|---|
| ㄱ | 걱정이 태산이다 | A | to not have the time to open one's eyes or nose |
| ㄴ | 눈코 뜰 새 없다 | B | to cool one's head |
| ㄷ | 머리를 식히다 | C | (to have something that) cannot be grasped in one's hand |
| ㄹ | 바람을 쐬다 | D | to use one's nerves |
| ㅁ | 발등에 불을 끄다 | E | to get some wind |
| ㅂ | 손에 잡히지 않다 | F | worries are big mountains |
| ㅅ | 신경을 쓰다 | G | to feel with the skin |
| ㅇ | 엉덩이를 붙이다 | H | to take a first step |
| ㅈ | 첫발을 떼다 | I | to glue one's bottom down |
| ㅊ | 피부로 느끼다 | J | to quench a fire on top of the foot |

## 어휘와 표현

갈수록 태산 out of the frying pan and into the fire
걱정 worries
걱정해주다 to care about
결과 result
기말시험 final exam
뉴스 news
도움이 되다 to be helpful
비유적 표현 figurative expression
면접 interview
사회인 member of working society
산둥성 Shandong Province
영 at all
잘 하기는요 hardly, not at all
조금 a little bit
준비 preparation
취직 getting a job
태산 huge mountain
티끌 a speck of dirt
티끌 모아 태산 many drops make a shower
힘들다 to be having a hard time

## 핵심표현 익히기 뜻을 영어와 한국어로 확인하고, 여러분의 생각과 비교해 보세요.

### 걱정이 태산이다
to be worried sick
해야 할 일이 너무 많거나 복잡해서 걱정이 많다.

### 눈코 뜰 새 없다
to be extremely busy
정신 못 차리게 몹시 바쁘다.

### 머리를 식히다
to take a mental break
흥분되거나 긴장된 마음을 가라앉히다.

### 바람을 쐬다
to get some fresh air
기분 전환을 위하여 바깥이나 다른 곳을 걸어 다니다.

### 발등에 불을 끄다
to take care of what's urgent or difficult first
눈앞에 닥친 급한 일이나 어려운 일을 먼저 처리하거나 해결하다.

### 손에 잡히지 않다
to be unable to focus on doing something
어떤 일을 집중해서 할 수 없다.

### 신경을 쓰다
to be concerned, to be worried, to pay attention to
주의를 기울이다.

### 엉덩이를 붙이다
to keep at something for a long time (specifically an activity performed while seated)
자리를 잡고 앉아 오랫동안 어떤 일을 집중해서 하다.

### 첫발을 떼다
to initiate, to take a first step (in a new role or career)
어떤 일이나 사업을 시작하다.

### 피부로 느끼다
to experience or appreciate firsthand
몸으로 경험하다.

### 어휘와 표현

- **가라앉히다** to calm (oneself) down
- **걱정이 많다** to have many worries
- **경험하다** to experience
- **급한 일** urgent business
- **기분 전환** refresh oneself
- **긴장되다** to be strained or nervous
- **눈앞에 닥치다** to be just ahead
- **몸으로** physically, firsthand
- **복잡하다** to be complicated
- **사업** business
- **자리를 잡다** to get settled in one place
- **정신 차리다** to bring one to oneself
- **주의를 기울이다** to pay attention
- **집중하다** to concentrate
- **처리하다** to handle
- **해결하다** to resolve
- **해야할 일** things to do
- **흥분되다** to get excited

## 연습문제를 풀어 보세요

**STEP 1** 영어로 된 아래의 설명에 해당하는 한국어 관용어를 적어 보세요.

01 to experience or appreciate firsthand

피부로 느끼다, 피부로 느껴요.

02 to get some fresh air

바람을 쐬다.

03 to take a mental break

머리를 식히다

04 to initiate, to take a first step (in a new role or career)

첫발을 떼다.

05 to keep at something for a long time (specifically an activity performed while seated)

엉덩이를 붙이다

06 to be worried sick

걱정이 태산이다.

07 to be extremely busy

눈코 뜰 새 없다.

08 to be unable to focus on doing something

손에 잡히지 않다.

09 to take care of what's urgent or difficult first

발등에 불을 끄다.

10 to be concerned, to be worried, to pay attention to

신경을 쓰다.

## STEP 2 아래 예문에 알맞은 관용어를 채워 대화를 완성해 보세요.

01 가 오래간만이에요. 요즘 어떻게 지내세요?
나 요즘은 시험 기간이라서 ______________ 이 바빠요. 아마 다음 주 정도면 괜찮아질 것 같아요.

02 가 도서관에서 제일 오래 공부하는 사람은 누구예요?
나 우리 과에서 1등 하는 철수예요. 철수는 시험 기간에는 도서관에 ______________ 고 앉아서 공부만 해요.

03 가 저는 한두 시간 공부하고 나면 집중이 잘 안돼요. 그래서 자주 ______________ 러 밖에 나가는 편이에요.
나 저도 그래요. 오랫동안 앉아 있으면 어깨도 아프고 허리도 아파서 자주 밖에 나가서 걸어요.

04 가 회사 인터뷰가 언제예요?
나 다음 달인데 ______________ 준비할 게 너무 많아서 다 할 수 있을지 모르겠어요.
가 너무 걱정하지 마세요. 그 회사에서 인턴을 했었으니까 잘 대답할 수 있을 거예요.

05 가 한국은 언제 처음으로 인공위성을 발사했어요?
나 검색해보니까 1992년 8월 11일에 인공 위성 '우리별 1호'를 발사하여 우주를 향한 ______________ 었다고 나와 있던데요.

06 가 올해 세금 보고 다 했어요?
나 아직 못 했어요. 내일 중요한 회의에서 발표가 있어서 ______________ 고 이번 주말에 하려고요.

07 가 영수 씨는 오늘도 수업에 안 왔네요. 무슨 일 있는지 혹시 알아요?
나 영수 씨는 벌써 취직이 돼서 이제 학교 수업에 별로 ______________ 지 않아요.

08 가 DMZ에 가 본 적이 있으세요?
나 네, 지난 학기 끝나고 친구들하고 같이 갔었어요. DMZ를 직접 보니까 한국의 분단 현실이 ______________ 더라고요.

09 가 영수 씨가 오늘 기분이 안 좋아 보이네요.
나 어제 여자친구랑 싸웠대요. 그래서 공부가 ______________ 나 봐요. 책을 보면서도 다른 생각을 하고 있더라고요.

10 가 요즘 일이 너무 많아서 힘들어요.
나 일도 쉬어 가면서 해야 돼요. 이번 토요일에 같이 ______________ 러 호수에 갈까요?

### 어휘와 표현

- **DMZ** the Demilitarized Zone
- **검색하다** to search on the Internet
- **기간** period of time
- **대답하다** to answer
- **발사하다** to launch
- **발표** presentation
- **분단 현실** reality of the division (of the Korean peninsula)
- **세금 보고** tax report
- **쉬어 가면서 하다** to take things easy
- **싸우다** to fight
- **어깨** shoulder
- **오랫동안** for a long time
- **우주** space
- **인공위성** satellite
- **인터뷰** interview
- **인턴** intern
- **준비하다** to prepare
- **중요하다** to be important
- **집중이 안되다** to be distracted
- **취직이 되다** to get a job
- **허리** waist
- **호수** lake
- **혹시** by any chance
- **회의** meeting

## 친구와 함께 해요

- 친한 친구나 가족을 인터뷰하고 아래 표를 완성해 보세요.

| 질문 | 친구 이름: | 친구 이름: |
|---|---|---|
| ________씨는 공부하다가<br>머리를 식힐 때 어떻게 하세요?<br>좋은 방법이 있다면 알려주세요. | | |
| ________씨는 요즘에 가장<br>신경을 쓰고 있는 일이 뭐예요?<br>그리고 왜 그 일에 신경을 써요? | | |
| ________씨는 걱정이 태산인<br>친구한테 어떤 말을 해 주고<br>싶어요? | | |

- 이 과에서 배운 관용어를 사용해서 아래 그림의 상황을 짧게 설명해 보세요.

예 우리 아버지는 낮에는 회사에서 일하시고 밤에는 회사 사람들과 회식하시고(to eat together) 집에 늦게 들어오세요. 정말 눈코 뜰 새 없이 바쁘셔서 건강에 신경을 쓰지 못하세요.

# Unit 02 시간 가는 줄도 몰랐어요

*to lose track of time*

## 읽어봅시다

| | |
|---|---|
| 스티브 | 민지 씨, 지난주 소개팅 어땠어요? |
| 민지 | 네, 재미있었어요. 학교 앞에 새로 [1]문을 연 카페에서 만났어요. |
| 스티브 | 소개팅 한 남자는 어떤 사람이었어요? |
| 민지 | 음, 말을 참 잘하는 사람 같아요. 얘기를 너무 재미있게 해서 [2]시간 가는 줄도 몰랐어요. |
| 스티브 | 그래요? 잘됐네요. 민지 씨는 똑똑하고 성격도 좋고 유머 감각이 있는 사람을 좋아하잖아요. |
| 민지 | 저 그렇게 [3]눈이 높지 않아요. |
| 스티브 | 에이, 민지 씨가 그 사람을 마음에 들어 하는 게 [4]얼굴에 써 있는데요. 진짜 좋았나 봐요. |

| | |
|---|---|
| Steve | Minji, how was the blind date last week? |
| Minji | It was fun. We met at a newly [1]opened café in front of school. |
| Steve | What was the guy like? |
| Minji | Well, he was definitely a great conversationalist. I was so entertained that I [2]lost track of time. |
| Steve | Really? That's great. You've said before that you like the smart, friendly, funny types. |
| Minji | Hey, I'm [3]not that picky. |
| Steve | No, you like him for sure. It's [4]written all over your face. You must have really enjoyed your time together. |

| | |
|---|---|
| 민지 아니에요. 그냥 말을 재미있게 하시더라고요. 그런데 좀 [5]온실 속의 화초같이 보였어요. 별로 어려운 거 없이 자라서 부족한 게 없는 사람 같았어요. | Minji No, he just spoke very entertainingly. But he also seemed somewhat [5]sheltered, like he's never experienced lack or hardship. |
| 스티브 그건 좀 더 만나봐야 알지요. 어쨌든 민지 씨는 [6]보는 눈이 있으니까 그렇게 이상한 사람은 아닐 거예요. 걱정하지 마세요. | Steve You're going to have to get to know him better to be sure of that. Anyway, you're a [6]good judge of character, so he can't be that bad. Don't worry. |
| 민지 그랬으면 좋겠어요. 스티브 씨도 빨리 좋은 사람 만나야죠. 혹시 요즘 [7]마음에 두고 있는 사람 있어요? | Minji I hope so. What about you, Steve? Is there anyone you're [7]interested in these days? |
| 스티브 요즘 회사 일이 너무 바빠서 데이트할 시간이 없어요. 회사 [8]눈치 보기도 바쁜데요. | Steve I've had so much work to do these days that I haven't had time to date. I'm busy enough trying to [8]stay on top of things at the office. |
| 민지 회사 분위기가 안 좋으면 빨리 퇴근하기 어렵죠. 그럼 당분간은 데이트 하기 어렵겠네요. | Minji I can imagine it must be hard to leave early when things are tense at work. It probably won't be easy for you to date for the time being. |
| 스티브 네, 그럴 것 같아요. 만약 데이트하러 빨리 퇴근한 게 상사 [9]귀에 들어가면 전 당장 잘릴 거예요. | Steve Exactly. If I left work early to go on a date and my boss [9]found out about it, I'd be fired. |
| 민지 설마요. 하지만 요즘 같은 불경기에는 [10]한 치 앞을 못 보니까 조심하는 게 좋겠어요. | Minji You're kidding. But in a recession like this, when [10]so much is uncertain, I guess it's best to be careful. |

## 워밍업퀴즈 아래 관용어들을 직역(Literal meaning) 하면 무슨 뜻인지 찾아 연결하세요.

ㄱ 귀에 들어가다
ㄴ 눈이 높다
ㄷ 눈치를 보다
ㄹ 마음에 두다
ㅁ 문을 열다
ㅂ 보는 눈이 있다
ㅅ 시간 가는 줄 모르다
ㅇ 얼굴에 써 있다
ㅈ 온실 속의 화초
ㅊ 한 치 앞을 못 보다

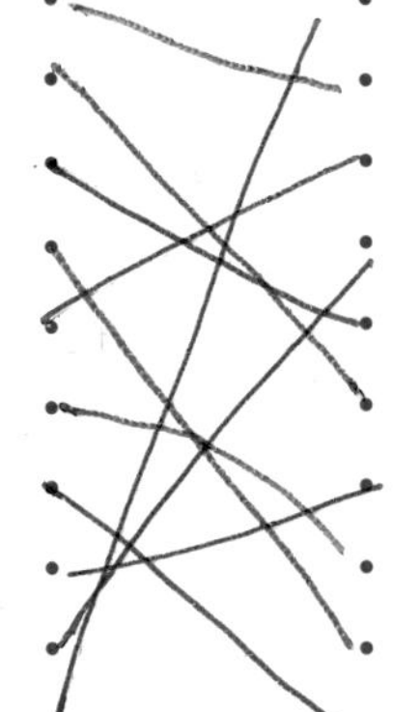

A cannot see an inch ahead
B to enter one's ears
C to open the door
D a flowering plant in a greenhouse
E to try to read the other person's emotions or the situation
F eyes are located high (on one's face)
G to be written on one's face
H to have eyes to see
I to have someone or something in mind
J to not know that time is passing

## 어휘와 표현

| | | | | |
|---|---|---|---|---|
| 그랬으면 좋겠어요 I hope so | 똑똑하다 to be smart | 불경기 recession | 소개팅 blind date | 잘리다 to be fired |
| 느낌 feeling | 마음에 들다 to be one's liking | 상사 boss | 유머 감각 sense of humor | 조심하는 게 좋겠다 better to be careful |
| 당분간 for a while | 부족하다 to be lacking | 설마요 you're kidding | 이상한 사람 strange person | 퇴근하다 to leave work |
| 당장 right now | 분위기 atmosphere | 성격이 좋다 to have a good personality | 잘됐네요 That's great. | |

## 핵심표현 익히기 뜻을 영어와 한국어로 확인하고, 여러분의 생각과 비교해 보세요.

### 귀에 들어가다
to come to somebody's knowledge
누구에게 알려지다.

### 눈이 높다
to have high standards
좋은 것만 찾는 버릇이 있다. 무엇을 고를 때 까다로운 편이다.

### 눈치를 보다
to try to respond according to feelings or moods of others
남의 마음과 태도를 살피다.

### 마음에 두다
to bear in mind, to hold in remembrance
잊지 않고 마음속에 새겨 두다.

### 문을 열다
① to start a business, to open a store ② to open up to foreign countries
③ to have an open hiring process
① 가게나 상점이 영업을 시작하다. ② 문호를 개방하다. ③ 어떤 조직에서 장벽을 두지 않고 사람을 받아들이다.

### 보는 눈이 있다
to have an eye for something
사물을 보고 판단하는 힘이 있다.

### 시간 가는 줄 모르다
to lose track of time
몹시 바쁘게 진행되거나 어떤 일에 집중하여 시간이 어떻게 지났는지 알지 못하다.

### 얼굴에 써 있다
to show on one's face
감정이나 기분이 얼굴에 나타나다.

### 온실 속의 화초
someone with a sheltered upbringing
어려움이나 고난을 겪지 않고 좋은 집안에서 곱게만 자란 사람.

### 한 치 앞을 못 보다
① to have no foresight ② to have superficial knowledge
① 시력이 좋지 못하여 가까이 있는 것도 보지 못하다. ② 식견이 얕다.

### 어휘와 표현

**감정** emotion
**고난을 겪다** to go through hardships
**곱게 자라다** to grow up sheltered
**기분** feelings
**까다롭다** to be picky
**나타나다** to appear
**문호를 개방하다** to open the door
**받아들이다** to accept
**버릇이 있다** to have a habit
**비유적으로 이르다** to speak metaphorically
**사물** thing
**살피다** to scan
**상점** store
**새겨 두다** to engrave on
**시력** vision
**식견이 얕다** to have superficial knowledge
**영업** business
**장벽을 두다** to interpose a barrier
**조직** organization
**좋은 집안** a good family
**진행되다** to go along
**태도** attitude
**판단하는 힘** ability to judge

## 연습문제를 풀어 보세요

STEP 1 영어로 된 아래의 설명에 해당하는 한국어 관용어를 적어 보세요.

01 to come to somebody's knowledge

귀에 들어가다 [to enter one's ear]

02 to have high standards

눈이 높다.

03 to have no foresight / to have superficial knowledge

한 치 앞을 못 보다

04 to show on one's face

얼굴에 써 있다

05 to try to respond according to feelings or moods of others

눈치를 보다.

06 to start a business, to open a store / to open up to foreign countries / to have an open hiring process

문을 열다.

07 to lose track of time

시간 가는 줄 모르다.

08 someone with a sheltered upbringing

온실 속의 화초.

09 to bear in mind, to hold in remembrance

마음에 두다

10 to have an eye for something

보는 눈이 있다

## STEP 2 아래 예문에 알맞은 관용어를 채워 대화를 완성해 보세요.

**01** 가 지금 백화점에 옷 바꾸러 갈 건데 필요한 거 있으면 이야기하세요.
나 벌써요? 백화점이 벌써 ____________ 었을까요? 보통 11시 30분에 여니까 아직 30분쯤 남았어요. 조금 있다 가세요.

**02** 가 어제 몇 시까지 도서관에 있었어요?
나 새벽 3시요. 도서관에서 숙제하다 보니까 ____________ 어요.

**03** 가 무슨 좋은 일 있어요? 기분이 좋아 보이네요.
나 어떻게 알았어요? 어제 시험에서 백 점을 받아서 기분이 너무 좋아요.
가 그렇군요. ____________.

**04** 가 요즘에는 하숙집에 사는 학생 수가 줄어들고 있대요. 왜 그렇죠?
나 다들 형제가 하나나 둘밖에 없이 ____________ 처럼 자라서 불편하게 사는 걸 힘들어하잖아요.

**05** 가 수진 씨는 어떤 사람하고 결혼하고 싶어요?
나 저는 키가 크고 잘생기고 똑똑한 사람하고 결혼하고 싶어요.
가 수진 씨는 너무 ____________ 아서 아무래도 결혼하기 힘들 것 같네요.

**06** 가 명수 씨한테 제가 방금 한 얘기 말하지 마세요.
나 왜요?
가 명수 씨한테는 비밀이 없어요. 명수 씨 ____________ 면 소문이 금방 퍼져요.

**07** 가 다음 주에 저랑 같이 동대문 시장에 가실 수 있으세요? 제가 옷을 잘 못 골라서요.
나 그래요? 그럼 민영 씨도 같이 가요. 민영 씨가 ____________ 어서 옷을 잘 고르더라고요.

**08** 가 다음 주 홈커밍 파티에 누구를 초대해야 할지 모르겠어요.
나 요즘 ____________ 고 있는 사람 없어요? 친하지 않아도 같이 가자고 해 보세요.

**09** 가 이번 주말에 친구들과 북한산으로 등산가는데 같이 가실래요?
나 지난주에 본 시험 성적이 엉망이어서 요즘 제가 엄마 ____________ 고 있어요. 집에서 공부하는 척이라도 해야 할 것 같으니 저는 다음에 갈게요.

**10** 가 어제 받은 용돈으로 휴대전화를 새로 샀는데 오늘은 차가 고장 났어요. 이럴 줄 알았으면 휴대전화를 사지 말걸 그랬어요.
나 사람 일은 ____________ 요. 그래서 돈을 다 쓰지 말고 항상 얼마쯤은 가지고 있어야 해요.

### 어휘와 표현

- **결혼하기 힘들다** to have difficulty getting married
- **고르다** to choose
- **고장나다** to break down
- **공부하는 척하다** to pretend to study
- **북한산** Mt. Bukhansan
- **불편하게 살다** to live inconveniently
- **비밀** secret
- **사지 말걸 그랬어요** shouldn't have bought it
- **성적이 엉망이다** grades are terrible
- **소문** rumor
- **용돈** allowance
- **이럴 줄 알았으면** if I had known (things would turn out this way)
- **잘생기다** to be handsome
- **줄어들다** to decrease
- **초대하다** to invite
- **친하다** to be close
- **퍼지다** to spread
- **하숙집** boarding house
- **힘들어하다** to have a hard time

## 친구와 함께 해요

- 친한 친구나 가족을 인터뷰하고 아래 표를 완성해 보세요.

| 질문 | 친구 이름: | 친구 이름: |
|---|---|---|
| ______씨는 사람 보는 눈이 있는 편이에요? 좋은 사람인지 나쁜 사람인지 잘 알 수 있어요? | | |
| ______씨는 시간 가는 줄 모를 정도로 좋아하는 취미가 있어요? | | |
| ______씨는 눈이 높아서 사귀는 사람이 없는 친구에게 어떤 조언을 해 주고 싶어요? | | |

- 이 과에서 배운 관용어를 사용해서 아래 그림의 상황을 짧게 설명해 보세요.

예 <u>온실 속의 화초</u>처럼 자란 요즘 아이들은 뭐든지 엄마와 같이하려고 해요. 보통 아이가 하나나 둘밖에 없어서 아이들이 원하면 엄마들이 다 해 주기도 하고요.

# Unit 03 눈 깜짝할 사이에 1년이 흘렀어요

*to go by quickly*

## 읽어봅시다

민지 마크 씨, 벌써 미국으로 돌아가세요?

마크 네, 일 년이 [1]눈 깜짝할 사이에 흘렀죠?

민지 글쎄 말이에요. 마크 씨를 알게 된 지 벌써 일 년이 됐네요. 그동안 한국 생활은 어땠어요?

마크 처음에는 한국에서 일하면서 공부할 수 있는 [2]길이 열려서 [3]꿈인지 생시인지 모를 정도로 너무 기뻤는데, 이제는 고향의 부모님과 친구들이 보고 싶어요.

민지 부모님께서도 마크 씨를 [4]목이 빠지게 기다리시겠네요.

마크 지금은 물론 빨리 돌아왔으면 하시지만, 처음에는 한국에서 공부를 다 끝내지 못하면 돌아오지도 말라고 [5]으름장을 놓으셨어요.

**Minji** Mark, are you going back to the US already?

**Mark** Yes, the year went by [1]so quickly.

**Minji** I guess so. It's been a year since I first met you. How did you like Korea?

**Mark** When the [2]opportunity opened up to study in Korea, I was so happy I [3]could hardly believe my luck. But now, I'm starting to miss my friends and family back home.

**Minji** Your parents must be [4]waiting very eagerly for you to return.

**Mark** They are now, but initially, they [5]warned me not to come back until I'd finished my studies.

**Minji** Really? Well, at least you are done with

| | | | |
|---|---|---|---|
| 민지 | 그래요? 이제는 공부 다 끝냈으니 돌아갈 수 있겠네요. 그런데 한국에 있으면서 뭐가 제일 좋았어요? | | studying now. What did you like most in Korea? |
| 마크 | 우선 음식도 맛있고 한국 사람들도 친절해서 좋았어요. 그리고 한국에 와서 제가 [6]우물 안 개구리였다는 걸 알게 됐어요. | Mark | The food was delicious and the people were very friendly. Also, I came to realize that I [6]had such a narrow view of things. |
| 민지 | 한국에 오기 전에는 외국에서 공부한 적이 없었으니까 그렇죠. 그래도 마크 씨는 굉장히 쉽게 한국어도 배우고 한국 생활에 적응도 잘한 편이에요. | Minji | Well, that's because you hadn't studied abroad before. Still, you adapted well to the Korean culture and learned the language very easily. |
| 마크 | 처음에는 한국어를 잘 못해서 걱정을 많이 했는데 민지 씨 [7]덕을 많이 봤어요. 민지 씨 덕분에 한국어가 빨리 늘었어요. | Mark | I was worried at first because I was not very good at Korean, but Minji, you have [7]been very helpful to me. My Korean improved a lot thanks to you. Thanks again. |
| 민지 | 뭘요. 마크 씨는 워낙 한국어 공부라면 [8]물불을 가리지 않고 했기 때문에 금방 실력이 는 거예요. 그렇게 적극적인 성격이 외국어 학습에는 큰 도움이 되죠. | Minji | Oh, no problem. When you studied Korean, you [8]put all your effort into it so you learned very fast. That kind of action-oriented personality is really helpful when learning a foreign language. |
| 마크 | 나이가 들어서 [9]머리가 굳기 전에 한국에 오길 잘했어요. | Mark | I'm glad I came to Korea when I did, before my [9]brain gets sluggish. |
| 민지 | 마크 씨는 [10]눈치도 빠른 편이어서 외국어를 배우는 것이 어렵지 않았을 거예요. | Minji | With your [10]quick wits, Mark, learning a foreign language couldn't have been too hard. |

## 워밍업퀴즈 아래 관용어들을 직역(Literal meaning) 하면 무슨 뜻인지 찾아 연결하세요.

| | | | |
|---|---|---|---|
| ㄱ | 길이 열리다 (능: 길을 열다) | A | a frog in a well |
| ㄴ | 꿈인지 생시인지 | B | the path is opened (act.: to open the path) |
| ㄷ | 눈 깜짝할 사이 | C | to be quick-witted (ant.: to be slow-witted) |
| ㄹ | 눈치가 빠르다 (반: 눈치가 없다) | D | to threaten with words and action |
| ㅁ | 덕을 보다 | E | to get a fortune, to get a favor |
| ㅂ | 머리가 굳다 | F | whether a dream or reality |
| ㅅ | 목이 빠지게 기다리다 | G | in the blink of an eye |
| ㅇ | 물불을 가리지 않다 | H | the head is hardened |
| ㅈ | 우물 안 개구리 | I | to wait until the neck comes off |
| ㅊ | 으름장을 놓다 | J | to not distinguish whether it's fire or water |

## 어휘와 표현

~덕분에 thanks to
~편이다 rather
걱정하다 to worry
고향 hometown
글쎄 말이에요 I agree.
나이가 들다 to get old
도움이 되다 to be helpful
돌아오다 to come back
뭘요 no problem
성격 character
실력 competence
실력이 늘다 to improve
외국 foreign country
외국어 학습 foreign language study
워낙 so
음식 food
적극적인 active
적응하다 to adjust
친절하다 to be kind

## 핵심표현 익히기 뜻을 영어와 한국어로 확인하고, 여러분의 생각과 비교해 보세요.

길이 열리다 (능: 길을 열다)
to be given the chance or opportunity (act.: to open the path)
방법을 찾아내거나 마련하다. 어떤 일을 하게 되거나 전망이 보이다.

꿈인지 생시인지
① to be taken aback by an unexpected event
② to hardly be able to believe when something dreamt about comes true
① 생각하지도 못한 일에 부닥쳐 어쩔 줄 모를 때를 이르는 말.
② 간절히 바라던 일이 뜻밖에 이루어져 꿈같이 느껴질 때 쓰는 말.

눈 깜짝할 사이
a split second, the twinkling of an eye
매우 짧은 순간.

눈치가 빠르다 (반: 눈치가 없다)
to be quick-witted in perceiving a mood or situation (ant.: to be witless)
남의 마음이나 기분을 빨리 알아채다.

덕을 보다
to receive a great benefit
이익이나 도움을 입다.

머리가 굳다
to be dimwitted, to be slow to learn or comprehend
사고방식이나 기억력이 무디다.

목이 빠지게 기다리다
to wait for someone or something desperately for a long time
몹시 안타깝게 기다리다. 간절히 기다리다.

물불을 가리지 않다
to use any means possible
위험이나 곤란을 고려하지 않고 막무가내로 행동하다.

우물 안 개구리
someone of narrow views
넓은 세상의 형편을 알지 못하는 사람을 비유적으로 이르는 말.

으름장을 놓다
to threaten or warn
말이나 행동으로 겁을 주거나 위협하다.

### 어휘와 표현

**간절히** eagerly
**겁을 주다** to frighten
**고려하다** to consider
**곤란** difficulty
**기다리다** to wait
**기억력** memory
**꿈같이 느껴지다** to feel like a dream
**도움을 입다** to receive help
**뜻밖에** unexpectedly
**마련하다** to prepare
**막무가내로** obstinately
**무디다** to be dull
**바라던 일** what one wanted
**방법** method
**부닥치다** to encounter
**비유적으로** figuratively
**사고방식** way of thinking
**세상** the world
**안타깝게** anxiously
**알아채다** to notice
**어쩔 줄 모르다** to not know what to do
**위험** danger
**위협하다** to threaten
**이루어지다** to come true
**이익** benefit
**전망이 보이다** to see the way (or light)
**짧은 순간** split second
**찾아내다** to discover
**행동하다** to act
**형편** circumstances

## 연습문제를 풀어 보세요

STEP 1 영어로 된 아래의 설명에 해당하는 한국어 관용어를 적어 보세요.

01 a split second, the twinkling of an eye

02 to threaten or warn

03 someone of narrow views

04 to be given the chance or opportunity

05 to receive a great benefit

06 to be taken aback by an unexpected event / to hardly be able to believe

07 to be quick-witted in perceiving a mood or situation

08 to use any means possible

09 to wait for someone or something desperately for a long time

10 to be dimwitted, to be slow to learn or comprehend

**STEP 2** 아래 예문에 알맞은 관용어를 채워 대화를 완성해 보세요.

01 가 여기에 있던 제 휴대폰 못 보셨어요?
나 네, 못 봤는데요.
가 화장실에 잠깐 다녀왔는데 ________________에 없어졌어요. 어떻게 하지요?

02 가 축하해요! 대학에서 4년 전액 장학금을 받게 되었다면서요?
나 네. 정말 믿어지지가 않아요. 이게 ________________ 모르겠어요.

03 가 직장에서 일할 때 제일 중요한 게 뭐라고 생각해요?
나 ________________게 중요한 것 같아요. 상사나 회사 동료들이 뭘 원하는지 금방 알아야 되니까요.

04 가 명수 씨 할머니께서는 60대이신데도 영어공부를 하러 다니시나 봐요.
나 보통 그 나이가 되면 ________________어서 단어를 외워도 금방 잊어버린다고 하던데 정말 대단하시네요.

05 가 저는 무슨 일이 있어도 이번 시험을 꼭 잘 봐야 해요.
나 왜요?
가 이번 시험에서 90점을 넘지 않으면 휴대폰을 뺏겠다고 엄마가 ________________으셨어요.

06 가 저는 한국에서 태어나고 한국에서만 자라서 그런지 꼭 ________________ 같다는 생각이 들어요.
나 요즘엔 외국에 나가지 않아도 텔레비전이나 인터넷을 통해 전 세계 소식을 알 수 있으니까 꼭 그렇지도 않아요. 그런 걱정하지 마세요.

07 가 마이클 씨는 한국어를 잘해서 한국계 회사에 취직하게 됐대요.
나 마이클 씨도 취직할 때 한국어 ________________네요. 미국에 있는 제 친구도 한국어를 잘해서 법률회사에 취직하게 됐다고 하던데요.

08 가 요즘 한류가 세계적으로 정말 대단하던데, 도대체 한류는 언제부터 시작된 거예요?
나 일반적으로 2002년에 방영한 '겨울연가'라는 텔레비전 드라마가 한류의 ________________다고들 생각해요.

09 가 요즘은 너무 피곤해서 아침에 일어나기가 진짜 힘들어요.
나 그렇죠? 저도 빨리 방학이 오기를 ________________고 있어요.

10 가 지우 씨는 아버지가 안 계셔서 그런지 동생을 특히 잘 돌봐주는 것 같아요.
나 네, 지우 씨는 아버지 없이 자라는 동생이 불쌍해서 동생 일이라면 ________________고 나서지요.

**어휘와 표현**

90점을 넘다 to score above 90 points
꼭 그렇지도 않다 not necessarily so
나서다 to step up
단어 word
대단하다 to be incredible
도대체 ever
돌봐주다 to look after
동료 colleague
무슨 일이 있어도 at any cost
믿어지지 않다 can hardly believe
방영하다 to broadcast
법률회사 law firm
불쌍하다 to be pitiful
뺏다 to take away
세계적으로 worldwide
원하다 to want
일반적으로 generally
자라다 to grow
장학금 scholarship
전액 full amount
중요하다 to be important
취직하다 to get a job
태어나다 to be born
한국계 Korean
한류 Hallyu (the Korean Wave)
회사 company

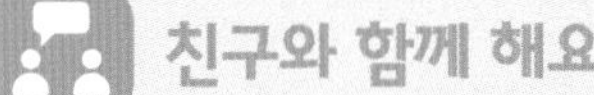

## 친구와 함께 해요

- 친한 친구나 가족을 인터뷰하고 아래 표를 완성해 보세요.

| 질문 | 친구 이름: | 친구 이름: |
| --- | --- | --- |
| _______씨는 눈치가 빠른 편이에요? 아니면 눈치가 없는 편이에요? 왜 그렇게 생각해요? | | |
| _______씨는 누군가의 덕을 본 적이 있어요? 언제였어요? | | |
| _______씨는 만약 친구를 목이 빠지게 기다렸는데 그 친구가 약속 장소에 나오지 않으면 어떻게 할 것 같아요? | | |

- 이 과에서 배운 관용어를 사용해서 아래 그림의 상황을 짧게 설명해 보세요.

예 제가 원하던 회사의 입사 시험(employment exam)에 합격해서 꿈인지 생시인지 모를 정도로 기뻐요. 역시 노력한 보람(worth)이 있어요.

# Unit 04 제 귀가 어두운가 봐요

*to have bad hearing*

## 읽어봅시다

민지 스티브 씨, 제 [1]귀가 어두운가 봐요. 어제 교수님이 말씀하신 리포트가 오늘까지인 줄 몰랐어요.

스티브 그 교수님은 목소리가 작아서 저도 [2]귀를 기울이지 않으면 잘 안 들려요.

민지 그래요? 어떡하죠?

스티브 교수님께 한번 여쭤보세요. 잘 못 들었다고 하면 아마 [3]눈감아 주실 거예요.

민지 아니에요, 그 교수님 정말 무서우세요. [4]눈 하나 깜짝 안 하실 거예요.

Minji Steve, I think I must [1]have bad hearing. I didn't realize that the report my professor talked about yesterday was due today.

Steve That professor speaks so quietly that even I can't understand him unless I [2]listen very attentively.

Minji Really? Then what should I do?

Steve Go talk to the professor. When you tell him you misunderstood, he will probably [3]let it go.

Minji No, that professor is very scary. He probably [4]won't even bat an eye.

스티브 [5]말도 안 돼요. 그렇다고 0점을 받을 수는 없잖아요.

민지 교수님만 보면 너무 무서워서 [6]말문이 막히는데 스티브 씨 저랑 같이 가 줄 수 있어요?

스티브 그럼요. 같이 가요. 사실대로 말하면 [7]얼굴을 붉히지는 않으실 거예요. 걱정하지 마세요.

민지 그렇지만 그 교수님 말씀하시는 걸 보면 너그러운 분은 아닌 것 같아요.

스티브 괜찮을 거예요. 민지 씨, 너무 [8]풀이 죽어 있는데 그러지 말고 기운을 내요. 리포트 하나 때문에 그럴 필요 없어요.

민지 네, 그럴게요. 스티브 씨 정말 고마워요. 그런데 긴장해서 그런지 [9]목이 너무 타는데 [10]목 좀 축이러 카페에 먼저 들렀다 갈까요?

스티브 네, 그래요.

Steve [5]No way. You can't just receive a zero.

Minji When I see the professor I become so scared that [6]no words come out. Would you be willing to go with me?

Steve Sure, let's go together. If you tell him the truth, he won't [7]get angry.

Minji From the way he talks, though, he sure doesn't seem like a very warm person.

Steve You will be fine. Minji, you [8]look so down. Cheer up! You don't have to be like this just because of one report.

Minji I guess you're right. Steve, thank you so much. By the way, I'm [9]very thirsty. Why don't we go to a café and [10]get something to drink?

Steve Sure, let's go.

## 워밍업퀴즈 아래 관용어들을 직역(Literal meaning) 하면 무슨 뜻인지 찾아 연결하세요.

| | | | |
|---|---|---|---|
| ㄱ | 귀가 어둡다 (반: 귀가 밝다) | A | to not even bat an eye |
| ㄴ | 귀를 기울이다 | B | to not become any words (ant.: to become words) |
| ㄷ | 눈 하나 깜짝 안 하다 | C | the throat is burning |
| ㄹ | 눈감아 주다 | D | to blush |
| ㅁ | 말도 안 되다 (반: 말이 되다) | E | glue loses its holding power |
| ㅂ | 말문이 막히다 | F | to close one's eyes |
| ㅅ | 목을 축이다 | G | mouth is stuck |
| ㅇ | 목이 타다 | H | ears are dark (ant.: ears are bright) |
| ㅈ | 얼굴을 붉히다 | I | to lean in to listen |
| ㅊ | 풀이 죽다 | J | to moisten one's throat |

### 어휘와 표현

**그럴 필요 없다** no need to do it
**기운을 내다** to muster one's strength or spirits
**긴장하다** to be nervous
**너그러운** generous
**들르다** to stop by
**리포트** a report for class
**목소리** voice
**무섭다** to be scary
**사실대로** (tell) the truth
**아마** maybe
**여쭙다** to ask (*honorific*)
**잘 못 듣다** to hear wrong

## 핵심표현 익히기 뜻을 영어와 한국어로 확인하고, 여러분의 생각과 비교해 보세요.

**귀가 어둡다 (반: 귀가 밝다)**
to have bad hearing (ant.: to have good hearing)
귀가 잘 들리지 않다. 말을 잘 이해하지 못하다. (반: 귀가 잘 들리다, 말을 잘 이해하다.)

**귀를 기울이다**
to listen with attention
남의 이야기나 의견에 관심을 가지고 주의를 모으다.

**눈 하나 깜짝 안 하다**
to keep one's calm, to be unmoved
조금도 놀라지 않고 태연하다.

**눈감아 주다**
to forgive, to overlook
보고도 못 본 체하다. 용서해주다.

**말도 안 되다 (반: 말이 되다)**
to make no sense, to be unreasonable (ant.: to make sense)
말하는 것이 이치에 맞지 않다. (반: 말하는 것이 이치에 맞다.)

**말문이 막히다**
to be speechless with shock or embarrassment
당황해서 말이 입밖으로 나오지 않게 되다.

**목을 축이다**
to quench one's thirst
목이 말라 물이나 음료수를 마시다.

**목이 타다**
to be very thirsty
심하게 갈증을 느끼다.

**얼굴을 붉히다**
to blush with shame or anger
화를 내거나 부끄러워하다.

**풀이 죽다**
to be dejected
기운이 없다.

### 어휘와 표현

**갈증을 느끼다** to feel thirsty
**관심을 가지다** to show interest
**기운이 없다** to feel sluggish
**놀라다** to be surprised
**당황하다** to be embarrassed
**들리다** to hear
**못 본 체하다** to pretend not to see
**부끄러워하다** to be ashamed of
**심하게** seriously
**용서하다** to forgive
**음료수** beverage
**의견** opinion
**이치에 맞다** to stand to reason
**이해하다** to understand
**주의를 모으다** to pay attention
**태연하다** to be unperturbed
**화를 내다** to get angry

## 연습문제를 풀어 보세요

**STEP 1** 영어로 된 아래의 설명에 해당하는 한국어 관용어를 적어 보세요.

01 to be dejected

02 to have bad hearing

03 to listen with attention

04 to be speechless with shock or embarrassment

05 to blush with shame or anger

06 to keep one's calm, to be unmoved

07 to quench one's thirst

08 to make no sense, to be unreasonable

09 to forgive, to overlook

10 to be very thirsty

## STEP 2 아래 예문에 알맞은 관용어를 채워 대화를 완성해 보세요.

**01** 가 지영 씨, 왜 그렇게 ______________어 있어요? 무슨 일 있었어요?
나 어제 수학시험을 너무 못 봤어요. 어렵지는 않았는데 실수를 많이 한 것 같아요.
가 너무 걱정하지 마세요. 다음번에 더 열심히 해서 잘 보면 돼요. 힘을 내요.

**02** 가 요즘에는 학원에서 늦게까지 공부하고 학교에 와서는 자는 학생들이 꽤 있대요.
나 어떻게 그럴 수가 있어요? 무엇보다 선생님 말씀에 ______________는 것이 제일 중요하지 않아요?

**03** 가 우리 아버지는 50대이신데도 제가 작게 말하면 잘 못 알아들으세요.
나 그래요? 저희 어머니도 요즘 부쩍 ______________. 전화로 얘기하면 잘 안 들리시나 봐요.

**04** 가 산 정상까지 얼마나 남았어요? 너무 힘든데 쉬면서 물 좀 마시고 가면 안 될까요?
나 이제 한 시간만 더 가면 되는데 그럼 여기서 잠깐 ______________고 가지요.

**05** 가 영미 씨, 남자친구랑 만나면서 싸운 적 있어요?
나 아니요. 우리는 성격이 아주 잘 맞아서 ______________ 적도 없어요.

**06** 가 어제 전공수업에서 발표 잘했어요?
나 별로요. 저는 사람들 앞에만 나가면 이상하게 ______________. 무슨 말을 해야 할지 하나도 생각이 안 나더라고요.

**07** 가 자전거 타고 땀을 너무 많이 흘려서 그런지 ______________네요.
나 그럼 우리 시원한 커피나 녹차 마시러 갈까요?

**08** 가 방송국 시험에 두 번이나 떨어져서 이제 방송국 취직을 포기해야겠어요.
나 ______________. 열 번 시험 보고 붙은 사람들도 있는데 그래도 몇 번은 더 봐야지요. 지금까지 준비한 게 아깝잖아요.

**09** 가 도시에 사는 사람들은 뒤에서 차가 아무리 빵빵거려도 괜찮은가 봐요. 저는 복잡한 데서 운전하기 어렵던데…….
나 매일 보는 광경인데요, 뭐. 뒤에서 아무리 빵빵거려도 ______________.

**10** 가 지훈 씨는 친한 친구가 지훈 씨한테 거짓말하면 용서해 줄 수 있어요?
나 한두 번은 ______________수 있지만 너무 많이 하면 화가 나겠죠.

### 어휘와 표현

- **거짓말하다** to lie
- **광경** scene
- **꽤 있다** there are quite a lot
- **녹차** green tea
- **도시** city
- **땀을 흘리다** to perspire
- **떨어지다** to fail (a test)
- **방송국** broadcasting station
- **부쩍** remarkably
- **붙다** to pass
- **빵빵거리다** to honk
- **성격이 잘 맞다** to get along well
- **시험을 못 보다** to do poorly on an exam
- **실수를 하다** to make a mistake
- **싸운 적이 있다** to have fought before
- **아깝다** to be too valuable to waste
- **알아듣다** to understand
- **어떻게 그럴 수가 있어요?** How could they do that?
- **용서하다** to forgive
- **운전하다** to drive
- **이상하게** strangely
- **잘 안 들리다** cannot hear
- **정상** summit
- **학원** private educational institute
- **힘을 내다** to pluck up

## 친구와 함께 해요

친한 친구나 가족을 인터뷰하고 아래 표를 완성해 보세요.

| 질문 | 친구 이름: | 친구 이름: |
|---|---|---|
| 만약 친한 친구가 풀이 죽어 있으면 어떻게 위로해 주고 싶어요? | | |
| ______씨는 여자/남자친구와 싸우다가 말문이 막히면 어떻게 해요? | | |
| ______씨는 친한 친구가 거짓말을 했을 때, 눈감아 줄 수 있어요? | | |

이 과에서 배운 관용어를 사용해서 아래 그림의 상황을 짧게 설명해 보세요.

예 오늘 우리 집 강아지가 실수를 해서(to make a mistake) 혼을 냈더니(to scold) 하루 종일 풀이 죽어 있어요. 좀 불쌍하기는 하지만 배변 훈련(toilet training)을 하려면 어쩔 수 없어요.

# Unit 05 가슴이 뜨끔했어요

*to feel guilty*

## 읽어봅시다

스티브 민지 씨 몸은 좀 어때요? 어제 선생님께서 민지 씨가 아파서 학교에 못 온다고 하셨어요.

민지 아 스티브 씨, 사실은 어제 친구들하고 바람 쐬러 바닷가에 갔었어요. 안 그래도 선생님께 수업에 못 간다고 말씀 드리려고 전화했더니 병원에 가 보라고 하셔서 [1]가슴이 뜨끔했어요.

스티브 그럼 선생님께 거짓말을 한 거예요? 다음부터는 거짓말 하지 마세요. 선생님은 민지 씨가 거짓말을 한 줄 [2]꿈에도 생각지 못하셨을 거예요.

민지 네, 이제 절대로 안 그럴 거예요. 저도 그 일 때문에 마음이 정말 불편하거든요.

스티브 그런데 바닷가에서 좋은 시간 보내기는 했어요?

민지 말도 마세요. 파도가 너무 세서 [3]물귀신이 될 뻔 했어요.

Steve Minji, how are you feeling? Yesterday the professor told me that you could not come to school because you were sick.

Minji Ah. Actually, I went to the beach with my friends to take a break. However, when I told the professor I could not go to class yesterday, he told me to go to the hospital, and I [1]felt guilty.

Steve Do you mean you lied to the professor? Don't do that again. He probably [2]never even dreamed that you could be lying.

Minji I definitely won't lie again. I felt so bad about it all day.

Steve Did you at least have a good time at the beach?

Minji Oh, don't get me started. The tide was so strong yesterday that I almost [3]drowned.

| | | | |
|---|---|---|---|
| 스티브 | 정말이요? 어제 바람이 세기는 했어요. 바닷가에 사람들은 많았어요? | Steve | Really? Come to think of it, it was quite windy yesterday. Were there many people? |
| 민지 | 오랜만에 날씨가 맑아서 그런지 해수욕장에 [4]발 디딜 틈도 없었어요. 그리고 제가 [5]밤눈이 어두워서 집에 운전해서 올 때 엄청 [6]진땀을 뺐어요. 다음에는 버스 타고 가는 게 편할 것 같아요. | Minji | Maybe because the weather was nice, the whole beach was [4]packed. Oh, and I had to drive home, but I [5]don't have very good night vision, so I [6]was sweating bullets the whole way. I think taking the bus will be more convenient next time. |
| 스티브 | 그래도 오랜만에 바닷가에 가서 [7]숨이 좀 트였겠네요. | Steve | It must have been nice, though, to [7]relax a bit with a trip to the beach. |
| 민지 | 네, 기분은 정말 좋았어요. 그렇지만 선생님께는 절대로 말하시면 안 돼요. | Minji | Yes, I am very happy right now. But don't tell the professor. |
| 스티브 | 알았어요. 저 [8]입 무거우니까 걱정하지 마세요. 그런데 부모님은 어제 일 모르시죠? | Steve | Of course I won't tell it. I'm [8]not a blabbermouth. Don't worry. By the way, do your parents know? |
| 민지 | 안 그래도 집에 갔더니 어머니가 공부하느라고 수고했다면서 [9]상다리가 부러지도록 저녁을 준비해 놓으셔서 또 가슴이 뜨끔했어요. | Minji | I felt even guiltier because when I got home, my mom had [9]prepared a feast of delicious food. It was to reward me for studying so hard, she said. |
| 스티브 | 저런, 어머니께서 믿는 도끼에 [10]발등을 찍히셨네요. | Steve | Oh no, she trusted you and was [10]betrayed by you. |

## 워밍업퀴즈 아래 관용어들을 직역(Literal meaning) 하면 무슨 뜻인지 찾아 연결하세요.

| | | | |
|---|---|---|---|
| ㄱ | 가슴이 뜨끔하다 | A | to sweat hard |
| ㄴ | 꿈에도 생각지 못하다 | B | to feel prickling in one's heart |
| ㄷ | 물귀신이 되다 | C | mouth is heavy (ant.: mouth is light) |
| ㄹ | 발 디딜 틈도 없다 | D | there is no room to place one's foot |
| ㅁ | (믿는 도끼에) 발등을 찍히다 | E | breath is opened (ant.: breath is stifled) |
| ㅂ | 밤눈이 어둡다 (반: 밤눈이 밝다) | F | to not think even in a dream |
| ㅅ | 상다리가 부러지다 | G | to become a water ghost |
| ㅇ | 숨이 트이다 (반: 숨이 막히다) | H | legs of the table are broken |
| ㅈ | 입이 무겁다 (반: 입이 가볍다) | I | night eyes are dark (ant.: night eyes are bright) |
| ㅊ | 진땀을 빼다 | J | to hurt one's foot (on one's most trusted ax) |

## 어휘와 표현

~을 뻔하다 to come close to –
가슴이 뜨끔하다 to prick one's conscience
거짓말 lie
도끼 ax
마음이 불편하다 to feel uncomfortable
말도 마세요 don't get me started
몸 body
믿는 도끼에 by the ax that one trusts
바람 쐬다 to enjoy the cool air
세다 to be strong
수고하다 to take the trouble
안 그래도 as a matter of fact
엄청 very
오랜만에 after a long time
저런 Oh no
절대로 never
좋은 시간을 보내다 to have a good time
파도 wave
해수욕장 beach

## 핵심표현 익히기 뜻을 영어와 한국어로 확인하고, 여러분의 생각과 비교해 보세요.

가슴이 뜨끔하다
to feel stunned, to feel the sting of a guilty conscience
자극을 받아 마음이 깜짝 놀라거나 양심의 가책을 받다.

꿈에도 생각지 못하다
to have not dreamed of
전혀 생각도 하지 못하다.

물귀신이 되다
to drown
물에 빠져서 죽다.

발 디딜 틈도 없다
to be packed with people
사람이 많아서 복잡하고 혼잡스럽다.

(믿는 도끼에) 발등을 찍히다
to be betrayed (by someone you trust)
남에게 배신을 당하다.

밤눈이 어둡다 (반: 밤눈이 밝다)
to have poor night vision (ant.: to be able to see well at night)
밤에 잘 보지 못하다. (반: 밤에 잘 보다.)

상다리가 부러지다
to load the table with lots of food
상에 음식을 매우 많이 차려 놓다.

숨이 트이다 (반: 숨이 막히다)
to be a little relieved (ant.: to feel frustrated and stifled)
답답한 것이 해소되다. (반: 숨을 쉴 수 없을 정도로 답답함을 느끼다.)

입이 무겁다 (반: 입이 가볍다)
to be good at keeping secrets (ant.: to have a big mouth)
말이 적거나 아는 일을 함부로 옮기지 않다. (반: 말이 많거나 아는 일을 함부로 옮긴다.)

진땀을 빼다
to sweat about something, to have a hard time doing something
어려운 일이나 난처한 일을 당해서 진땀이 나도록 몹시 애를 쓰다.

### 어휘와 표현

**양심의 가책을 받다** to have a guilty conscience
**깜짝 놀라다** to be startled all of a sudden
**난처한 일** an awkward situation
**답답하다** to be stuffy
**당하다** to be afflicted by
**말이 많다** to be talkative
**말이 적다** to be untalkative
**물에 빠지다** to fall into water
**배신** betrayal
**생각하다** to think
**애를 쓰다** to make efforts
**양심** conscience
**옮기다** to spread
**자극을 받다** to be stimulated
**전혀** not at all
**죽다** to die
**진땀이 나다** to sweat hard
**차려 놓다** to set food on the table
**함부로** thoughtlessly
**해소되다** to be released
**혼잡스럽다** to be congested

## 연습문제를 풀어 보세요

STEP 1 영어로 된 아래의 설명에 해당하는 한국어 관용어를 적어 보세요.

01 to feel stunned, to feel the sting of a guilty conscience

02 to sweat about something, to have a hard time doing something

03 to be packed with people

04 to have not dreamed of

05 to be a little relieved

06 to load the table with lots of food

07 to be betrayed (by someone you trust)

08 to have poor night vision

09 to drown

10 to be good at keeping secrets

## STEP 2 아래 예문에 알맞은 관용어를 채워 대화를 완성해 보세요.

**01** 가 스티브 씨, 오늘 밤 동아리 모임에 갈 때 저 좀 태워주실 수 있으세요?
나 그럼요. 그런데 운전하지 않으세요?
가 네, 운전은 할 줄 아는데 제가 ________________서 밤에는 운전을 잘 못해요.

**02** 가 어제 벚꽃축제 보러 여의도에 가셨어요?
나 네, 그런데 사람이 너무 많아서 주차하기도 어려웠고 공원은 ________________.

**03** 가 운전면허시험 합격했어요?
나 네. 간신히 합격했어요. 필기시험은 괜찮았는데 S코스 주행시험이 너무 어려워서 정말 ________________.

**04** 가 어제 친구 아들 돌잔치에 갔는데 음식을 정말 많이 준비했더라고요.
나 보통 돌잔치에는 가족, 친척, 친구들을 많이 초대하기 때문에 음식이 모자라지 않도록 ________________게 차려요.

**05** 가 마라톤대회 2등한 거 축하 드려요!
나 고마워요. 그동안 꾸준히 운동하고 준비했지만 2등은 ________________. 아직도 정말 실감이 안 나네요.

**06** 가 그렇게 하루 종일 도서관에서 공부만 하면 ________________지 않아요?
나 좀 답답하기는 하지만 취직시험 준비 때문에 어쩔 수 없어요.

**07** 가 지훈 씨, 라면을 너무 많이 먹으면 건강에 안 좋아요.
나 알아요. 어젯밤에도 11시에 배가 고파서 라면을 먹었는데 왠지 ________________더라고요.

**08** 가 제 친구 중 하나가 저한테 빌린 돈을 3년 동안 안 갚고 있어요. 요즘 돈이 좀 필요한데…….
나 그렇게 믿었던 친구한테 ________________면 정말 속상할 것 같아요.

**09** 가 저는 어렸을 때 바다에서 수영하는 게 정말 무서웠어요.
나 왜요?
가 여름에 아이들이 바다에서 수영하다가 ________________다는 뉴스를 자주 들었거든요.

**10** 가 무슨 일 있어요? 기분이 영 안 좋아 보여요.
나 네, 비밀인데 고민이 좀 있어요.
가 저는 ________________니까 걱정하지 말고 이야기해 보세요. 절대 다른 사람한테 말하지 않을게요.

### 어휘와 표현

**간신히** barely
**갚다** to repay
**걱정하다** to worry
**건강** health
**고민** trouble
**꾸준히** steadily
**답답하다** to be stuffy
**돌잔치** first birthday party
**동아리** amateur club
**마라톤** marathon
**모임** gathering
**모자라다** to be short
**무섭다** to be scary
**믿다** to trust
**배가 고프다** to feel hungry
**벚꽃축제** cherry blossom festival
**비밀** secret
**빌리다** to borrow
**속상하다** to be distressed
**실감이 안 나다** to be hard to believe
**어쩔 수 없다** it can´t be helped
**왠지** somehow
**운전면허** driver´s license
**절대** definitely
**주차하다** to park
**주행시험** driving exam
**차리다** to prepare
**취직시험** employment examination
**친척** relative
**태워주다** to give someone a ride
**필기시험** written exam
**합격하다** to pass

## 친구와 함께 해요

◎ 친한 친구나 가족을 인터뷰하고 아래 표를 완성해 보세요.

| 질문 | 친구 이름: | 친구 이름: |
|---|---|---|
| _______씨는 꿈에도 생각하지 못한 선물을 받아 본 적이 있어요? 있다면 무슨 선물이었어요? | | |
| _______씨는 믿었던 사람에게 발등을 찍힌 적이 있어요? 왜 그렇게 생각했어요? | | |
| _______씨는 운전하면서 진땀을 뺀 적이 있어요? 왜 그랬어요? | | |

◎ 이 과에서 배운 관용어를 사용해서 아래 그림의 상황을 짧게 설명해 보세요.

예 한국에서는 61번째 생일(환갑)에 잔치를 아주 크게 해요. 음식을 <u>상다리가 부러지게</u> 차리고 가족들과 친척들이 함께 모여 생일을 축하해요.

# 이미 엎질러진 물이에요

*what's done is done*

## 읽어봅시다

민지 스티브 씨, 해장국 먹어 봤어요?

스티브 아니요, 하지만 예전에 텔레비전에서 본 적은 있어요. 너무 맛있어 보여서 [1]군침을 삼켰지만 지금까지 먹을 기회가 없었어요.

민지 그럼 오늘 같이 먹으러 갈까요? 어제 술을 너무 많이 마셔서 제가 지금 완전히 [2]맛이 갔거든요. 아무래도 해장국을 좀 먹어야 할 것 같아요.

스티브 왜 그렇게 술을 많이 마셨는데요?

민지 어제 남자친구랑 싸웠어요. 남자친구가 자꾸 조그만 것에도 [3]트집을 잡아요.

Minji Steve, have you ever eaten *haejangguk*, Korean hangover soup?

Steve No, but I have seen it on television before. It looked so good that it [1]made my mouth water, but I haven't had a chance to try it.

Minji Do you want to go eat it together today? I drank too much alcohol yesterday so I am [2]feeling really out of it. I think I should go eat some *haejangguk*.

Steve Why did you drink so much alcohol?

Minji I fought with my boyfriend yesterday. He keeps [3]criticizing me about every little thing all the time.

스티브 그래도 잘 얘기하고 서로 이해해야죠.

민지 이미 [4]엎질러진 물이에요. 다시는 만나지 않을 거예요.

스티브 그렇게 [5]치가 떨리게 싫어졌어요? 그동안 꽤 오래 만났는데…….

민지 네, 조그만 일에 트집을 잡는 남자는 정말 싫어요.

스티브 그래도 사귀던 남자친구에 대해서 그렇게 나쁘게 얘기하는 건 자기 얼굴에 [6]침을 뱉는 거예요.

민지 제가 제발 그러지 말라고 [7]입이 닳도록 얘기했는데도 성격은 바꿀 수가 없나 봐요. 남자친구의 잔소리를 들으면 아주 [8]진이 다 빠져요.

스티브 민지 씨가 정말 [9]열이 올랐나 봐요. 보통은 금방 풀리는데…….

민지 제가 앞으로 그 친구를 다시 만나면 제 [10]성을 갈겠어요.

Steve But you still have to talk and understand each other.

Minji Too late, [4]what's done is done. We won't be seeing each other again.

Steve Do you [5]really hate him that much now? You've been seeing him for a quite long time.

Minji Yes, I really do not like guys who nitpick about every little thing.

Steve Maybe so, but talking badly about your ex-boyfriend [6]reflects badly on you.

Minji I've told him not to do that [7]over and over again, but I guess he's set in his ways. I get [8]totally exhausted when I hear my boyfriend's nagging.

Steve I guess you [9]really are angry. Usually you get over things pretty fast.

Minji You [10]won't catch me meeting him again, that's for sure.

## 워밍업퀴즈 아래 관용어들을 직역(Literal meaning) 하면 무슨 뜻인지 찾아 연결하세요.

| | | | |
|---|---|---|---|
| ㄱ | 군침을 삼키다 | A | to find fault with |
| ㄴ | 맛이 가다 | B | to spit on |
| ㄷ | 성을 갈다 | C | to swallow one's saliva |
| ㄹ | 엎질러진 물이다 | D | the original taste is gone |
| ㅁ | 열이 오르다 | E | to change one's last name |
| ㅂ | 입이 닳다 | F | teeth are shaking |
| ㅅ | 진이 빠지다 | G | the sap is drained |
| ㅇ | 치가 떨리다 | H | the temperature is raised |
| ㅈ | 침을 뱉다 | I | it is spilled water |
| ㅊ | 트집을 잡다 | J | mouth is all worn away |

### 어휘와 표현

**기회** opportunity
**바꾸다** to change
**보통** usually
**사귀다** to date
**싸우다** to fight
**예전에** in the old days
**완전히** completely
**잔소리** nagging
**제발** please
**조그만 일** little things
**트집을 잡다** to find fault with
**풀리다** to be relieved
**해장국** *haejangguk* (a hangover soup)

## 핵심표현 익히기 뜻을 영어와 한국어로 확인하고, 여러분의 생각과 비교해 보세요.

### 군침을 삼키다
to drool over something
① 음식을 보고 먹고 싶어서 입맛을 다시다. ② 이익이나 재물을 보고 몹시 탐을 내다.

### 맛이 가다 (비)
to be out of it, to be done for (slang)
어떤 사람이나 물건이 정상이 아닌 듯하다.

### 성을 갈다
to be very confident in one's opinion (usually used when someone says, "I'll eat my hat if I'm wrong")
어떤 일을 다시 하지 않겠다고 맹세하거나 어떤 것을 장담하다.

### 엎질러진 물이다
what's done is done
다시 바로 잡거나 되돌릴 수 없는 일을 비유적으로 이르는 말.

### 열이 오르다
① to get angry ② to get excited, to be absorbed in
① 흥분하여 화를 내다. ② 무엇에 열중하거나 열성을 보이다.

### 입이 닳다
to talk about the same thing repeatedly
같은 이야기를 아주 여러 번 하다.

### 진이 빠지다
to be very exhausted
몸을 움직일 수 없을 만큼 기운이 없어지다.

### 치가 떨리다
to hate, to become disgusted
참을 수 없이 몹시 분하거나 지긋지긋하다.

### 침을 뱉다
to mock, to ridicule
아주 치사스럽게 생각하거나 더럽게 여겨 멸시하다.

### 트집을 잡다
to find something to criticize
조그만 흠집을 들추어내거나 없는 흠집을 만들다.

#### 어휘와 표현

**기운이 없다** to lose vigor or energy
**더럽게 여기다** to consider dirty
**되돌리다** to restore
**들추어내다** to expose
**맹세하다** to swear
**멸시하다** to despise
**물건** product
**바로잡다** to set right
**분하다** to be furious
**열성을 보이다** to show enthusiasm
**열중하다** to concentrate intensely
**움직이다** to move
**이익** profit
**입맛을 다시다** to smack one's lips
**장담하다** to assure
**재물** riches
**정상** normal
**지긋지긋하다** to be tedious
**참다** to endure
**치사스럽게** meanly
**탐내다** to covet
**화를 내다** to get angry
**흠집** flaw
**흥분하다** to be excited

## 연습문제를 풀어 보세요

STEP 1 영어로 된 아래의 설명에 해당하는 한국어 관용어를 적어 보세요.

01 to find something to criticize

02 to drool over something

03 to be out of it, to be done for

04 to mock, to ridicule

05 what's done is done

06 to be very exhausted

07 to hate, to become disgusted

08 to talk about the same thing repeatedly

09 to get angry / to get excited, to be absorbed in

10 to be very confident in one's opinion, as in "I'll eat my hat if I'm wrong"

## STEP 2 아래 예문에 알맞은 관용어를 채워 대화를 완성해 보세요.

01 가 어제 회사 야유회는 어땠어요?
나 오랜만에 산에 가서 좋기는 했는데 날씨가 너무 더워서 ______________. 오늘 아침까지도 피곤하더라고요.

02 가 부장님께 드릴 보고서는 다 작성했어요?
나 네. 어제 다 썼어요. 그런데 또 어떤 ______________지 몰라서 걱정돼요.
가 부장님이 워낙 완벽주의자시니까 적어도 한두 번은 고치셔야 할 거예요.

03 가 지난주 회식은 어땠어요?
나 재미있기는 했는데 술을 너무 많이 마셔서 나중에는 모두들 ______________. 집에 어떻게 돌아갔는지 기억이 안 나요.
가 그렇게 기억을 못할 정도로 술을 마시는 건 몸에 안 좋으니까 적당히 마셔야 해요.

04 가 강아지나 고양이가 초콜릿을 먹으면 죽을 수도 있다던데요?
나 정말이요? 우리 집 강아지는 제가 초콜릿을 먹을 때 옆에서 ______________는데 절대 주면 안 되겠네요. 얼마나 먹고 싶어 하는지 혼자 먹기가 미안할 때도 있어요.

05 가 이번 월드컵에서 어느 팀이 우승할 것 같아요?
나 지난번에 독일이 우승했으니 이번에도 독일이 우승할 것 같아요.
가 이번에도 독일이 우승하기는 어려울 걸요. 만약 또 우승하면 제가 ______________게요. 월드컵에서 한 팀이 연속으로 우승하는 건 본 적이 없어요.

06 가 또 버스 요금이랑 지하철 요금이 오르나 봐요.
나 그렇지 않아도 교통비가 너무 비싸서 생활비가 많이 드는데 대중교통 요금이 또 오른다고 하니 정말 ______________.
가 생활비가 자꾸 오르니까 아무리 벌어도 소용이 없어요. 정말 화가 나요.

07 가 어렸을 때 피아노 연습을 안 하고 포기한 게 너무 후회돼요.
나 저도 어머니가 피아노를 연습하라고 ______________도록 말씀하셔서 하기는 했지만 정말 연습하기 싫어했어요.
가 그때는 왜 어머님 말씀이 잔소리처럼 들렸는지 모르겠어요.

08 가 편의점에서 아르바이트 하는 거 어때요?
나 괜찮아요. 그런데 가끔 술에 취한 사람들이 돈을 안 내고 물건을 가지고 가는 경우가 있어요. 그래서 술 취한 사람들만 보면 아주 ______________.

09 가 이번 주에 한국 가는 비행기표를 $699에 세일한대요. 빨리 사세요.
나 벌써 $799짜리 표를 샀는데 바꿀 수가 없어요. 이미 ______________이에요. 이번에는 어쩔 수 없으니까 다음번에 또 세일하면 알려 주세요.

10 가 요즘 엄마들 중에는 아이가 한국말은 못해도 영어만 잘하면 된다고 생각하는 사람들이 많아요.
나 자기 나라 말보다 다른 나라 언어를 더 중요하게 생각하면 결국 자신의 문화에 대해 ______________는 것과 똑같은 건데 참 이상하네요.

### 어휘와 표현

결국 after all
경우 case
고치다 to correct
교통비 transportation fee
그렇지 않아도 speaking of which
기억을 못하다 to not remember
기억이 안 나다 to be beyond recollection
대중교통 public transportation
독일 Germany
돈을 내다 to pay for
돌아가다 to go back
만약 if
문화 culture
바꾸다 to change
벌다 to earn
보고서 report
본 적이 없다 to have never seen
비행기표 flight ticket
생활비 living expenses
소용이 없다 to be useless
술에 취하다 to get drunk
아르바이트 part-time job
야유회 picnic
언어 language
연속으로 in a row
연습하다 to practice
오르다 to rise
완벽주의자 perfectionist
요금 fare
우승하다 to win
월드컵 World Cup
자기 oneself
자신 oneself
작성하다 to write
잔소리 nagging
적당히 appropriately
적어도 at least
편의점 convenience store
포기하다 to give up
피곤하다 to be tired
화가 나다 to get angry
회식 company gathering
후회되다 to regret

## 친구와 함께 해요

- 친한 친구나 가족을 인터뷰하고 아래 표를 완성해 보세요.

| 질문 | 친구 이름: | 친구 이름: |
|---|---|---|
| ________씨 어머니가 입이 닳도록 하신 말씀은 뭐예요? 왜 그런 말씀을 자주 하셨다고 생각해요? | | |
| ________씨는 보통 다른 사람들 때문에 열이 오르면 참는 편이에요? 그렇지 않으면 자기 의견을 말하는 편인가요? | | |
| ________씨는 여자/남자친구가 ________씨의 취미 생활에 대해서 자꾸 트집을 잡으면 어떻게 하겠어요? | | |

- 이 과에서 배운 관용어를 사용해서 아래 그림의 상황을 짧게 설명해 보세요.

예 우리 부장님은 내가 아무리 열심히 보고서를 써 가도 <u>트집을 잡으세요</u>. 그래서 한번에 통과(pass)되는 일이 거의 없어요.

# 가슴이 찢어지더라고요

*to be heartbreaking*

## 읽어봅시다

스티브 민지 씨, 좋은 한국 영화 좀 추천해 주세요.

민지 한국 영화요? '국제시장'이나 '암살', '연평해전' 같은 영화는 한국 사람들에게는 [1]가슴에 불이 붙는 영화예요. 갑자기 없던 애국심도 생겨요.

스티브 아, '국제시장'은 저도 봤어요. 외국인이 봐도 이산가족이 만나는 장면은 정말 [2]가슴이 찢어지더라고요.

민지 그렇죠? 저는 '국제시장'을 보고 특별히 아버지들에 대해서 많이 생각했어요. 얼마나 [3]어깨가 무거우셨을까요? 그 영화의 주인공도 한국 전쟁으로 고향을 떠나 부산에 살면서 가족을 위해 베트남 전쟁까지 참전했잖아요. 그런 분들이 계셔서 지금 한국이 선진국과 [4]어깨를 나란히 하는 나라가 된 거예요.

스티브 '암살'이라는 영화는 어떤 내용이에요?

민지 '암살'은 일제 강점기가 배경이에요. 일본 경찰의

Steve Minji, can you recommend some good Korean movies?

Minji Korean movies? Movies like *Ode to My Father, Assassination,* and *Northern Limit Line* [1]drew passionate responses from Korean audiences. They suddenly became really patriotic.

Steve Actually, I've seen *Ode to My Father* too. Even as a foreigner, I found it [2]heartbreaking when the separated families were reunited.

Minji Right? When I saw that movie, it made me think a lot about fathers. They must have [3]felt so burdened. The protagonist of the movie had to leave his hometown and live in Busan, and he even participated in the Vietnam War for his family. Thanks to people like him, Korea has become a developed country [4]on the same level as other developed countries.

Steve What is the movie *Assassination* about?

Minji The movie *Assassination* takes place during

[5]눈을 피해 중국과 만주에서 독립운동을 하던 사람들에 대한 영화예요. 하지만 조국에 [6]등을 돌리고 일본의 스파이 노릇을 한 사람도 있었어요.

스티브 독립운동을 주제로 한 영화는 본 적이 없는 것 같아요.

민지 네, 독립운동이라는 소재에 [7]살을 붙여서 약간 복잡하지만 재미있게 만들었어요. 아마 독립운동을 소재로 이렇게 많은 사람들의 [8]눈길을 끈 영화는 처음일 거예요.

스티브 '연평해전'은 어떤 영화예요?

민지 '연평해전'은 2002년 연평도에서 일어난 남북한의 군사 충돌에 관한 영화예요. [9]분초를 다투는 전투 장면과 대한민국 해군이 나라를 위해 싸우다가 [10]숨을 거두는 장면은 아주 감동적이었어요.

the Japanese colonial era. It's about the independence activists who were based in China and Manchuria, [5]trying to stay hidden from the Japanese police. There were also people who [6]betrayed their homeland and spied for Japan.

**Steve** I don't think I have ever seen a movie about the independence movement.

**Minji** It's very entertaining. It's based on the independence movement, but other [7]elements have been added on. It's also probably the first movie about the independence movement to have [8]attracted so much attention.

**Steve** What is *Northern Limit Line* about?

**Minji** *Northern Limit Line* is about a military confrontation in 2002 between South and North Korea. The [9]tense battle scene where the South Korean military men [10]died while fighting for their country was very touching.

## 워밍업퀴즈 아래 관용어들을 직역(Literal meaning) 하면 무슨 뜻인지 찾아 연결하세요.

| | | | |
|---|---|---|---|
| ㄱ | 가슴에 불이 붙다 | A | to stand shoulder to shoulder |
| ㄴ | 가슴이 찢어지다 | B | to attract people's attention |
| ㄷ | 눈길을 끌다 | C | to turn one's back |
| ㄹ | 눈을 피하다 | D | shoulders feel heavy (ant.: shoulders feel light) |
| ㅁ | 등을 돌리다 | E | to add flesh |
| ㅂ | 분초를 다투다 | F | heart is torn |
| ㅅ | 살을 붙이다 | G | to count minutes and seconds |
| ㅇ | 숨을 거두다 | H | to stop breathing |
| ㅈ | 어깨가 무겁다 (반: 어깨가 가볍다) | I | to avoid people's eyes |
| ㅊ | 어깨를 나란히 하다 | J | a fire is lit in one's heart |

## 어휘와 표현

~에 관한 about
~에 대한 about
~을 위해 for the sake of –
감동적이다 to be touching
경찰 police
국제시장 international market (Movie title: *Ode to My Father*)
군사 충돌 military confrontation
남북한 간의 between South and Nouth Korea
노릇 role
독립운동 independence movement
만주 Manchuria
베트남 전쟁 Vietnam War
복잡하다 to be complicated
생기다 to arise
선진국 developed country
소재 subject
스파이 spy
암살 assassination
애국심 patriotism
연평해전 Battle of Yeonpyeong (Movie title: *Northern Limit Line*)
외국인 foreigner
이산가족 families separated by the war
일제강점기 Japanese colonial era
장면 scene
전투 장면 battle scene
조국 homeland
주인공 protagonist
참전하다 to enter a war
추천하다 to recommend
특별히 especially
한국 전쟁 Korean War
해군 navy

## 핵심표현 익히기 뜻을 영어와 한국어로 확인하고, 여러분의 생각과 비교해 보세요.

**가슴에 불이 붙다**
to have zeal or passion
감정이 격해지다.

**가슴이 찢어지다**
to be extremely sad or heartbroken
마음에 몹시 심한 고통을 받다.

**눈길을 끌다**
to attract attention
여러 사람의 시선을 집중시키다.

**눈을 피하다**
to avert one's gaze, to stay out of sight
관심을 돌리다. 남이 보는 것을 피하다.

**등을 돌리다**
to sever a relationship
뜻을 같이하던 사람이나 단체와의 관계를 끊고 멀리하다.

**분초를 다투다**
to be very urgent or in a time-sensitive situation
아주 짧은 시간이라도 아껴서 급하게 서두르다.

**살을 붙이다**
to add onto (comments or ideas)
바탕에 여러 가지를 덧붙여 보태다.

**숨을 거두다**
to pass away
'죽다'를 완곡하게 이르는 말.

**어깨가 무겁다 (반: 어깨가 가볍다)**
to have too many responsibilities (ant.: to take on fewer responsibilities, to be released from a responsibility)
무거운 책임을 져서 마음에 부담이 크다. (반: 무거운 책임에서 벗어나거나 그 책임을 덜어 마음이 홀가분하다.)

**어깨를 나란히 하다**
to take rank with, to be on the same level as
서로 비슷한 지위나 힘을 가지다.

### 어휘와 표현

**감정** emotion
**격해지다** to intensify
**고통을 받다** to suffer from
**관계를 끊다** to cut off ties
**관심을 돌리다** to redirect one's interest
**급하게** quickly
**단체** group
**덧붙이다** to add
**뜻을 같이하다** to have a common goal
**멀리하다** to keep away
**몹시** very
**바탕** basis
**벗어나다** to escape from
**보태다** to add
**부담** burden
**서두르다** to hurry
**시간을 아끼다** to save time
**시선** gaze
**심하다** to be serious
**완곡하게** euphemistically
**지위** status
**집중시키다** to concentrate
**책임을 덜다** to lessen responsibility
**책임을 지다** to take responsibility
**피하다** to avoid
**홀가분하다** to be lighthearted

## 연습문제를 풀어 보세요

STEP 1 영어로 된 아래의 설명에 해당하는 한국어 관용어를 적어 보세요.

01 to take rank with, to be on the same level as

02 to have zeal or passion

03 to be extremely sad or heartbroken

04 to pass away

05 to avert one's gaze, to stay out of sight

06 to attract attention

07 to sever a relationship

08 to have too many responsibilities

09 to add onto (comments or ideas)

10 to be very urgent or in a time-sensitive situation

## STEP 2 아래 예문에 알맞은 관용어를 채워 대화를 완성해 보세요.

01 가 가수 싸이가 라스베가스에서 열린 아이하트라디오(iHeartRadio) 뮤직 페스티벌에 참가해서 '강남스타일'을 불렀지요?
나 네. 싸이가 미국의 팝스타들과 ________________ 고 노래 부르는 것을 보니 정말 뿌듯했어요.
가 그러니까요. 이제 싸이도 세계적인 가수가 된 거죠.

02 가 어제 테러 사건이 일어났다는 뉴스 들었어요?
나 네. 저도 들었어요. 테러리스트를 막다가 ________________ 시민들도 있대요.
가 뉴스에서는 세 명이 죽고 여섯 명이 다쳤다고 하더라고요.

03 가 에세이 숙제 다 했어요?
나 아니요. 대충 쓰기는 했는데 아직 더 ________________ 여야 해요. 설명을 보충해야 할 부분이 있어요.

04 가 이제 후반전도 2분 밖에 안 남았는데 우리가 2대1로 지고 있어요.
나 빨리 한 골 더 넣어야 되는데 정말 ________________ 어 공격해야겠네요.

05 가 조성진이라는 피아니스트가 쇼팽 콩쿠르에서 우승했대요.
나 정말 좋겠네요. 그 학생은 이제 앞길이 훤하겠어요.
가 그렇기도 하겠지만 또 얼마나 ________________ 겠어요. 사람들의 기대가 높아졌잖아요.

06 가 수진 씨는 언제부터 발레리나가 되고 싶다고 생각했어요?
나 어렸을 때 '백조의 호수'라는 발레를 보고 ________________.
그래서 그때부터 발레를 배우기 시작했어요.

07 가 올 봄에는 오렌지색이 유행이라고 해요.
나 맞아요. 지난 주말에 명동에 갔는데 오렌지색 옷들이 ________________ 더라고요. 가게마다 오렌지색 옷들이 다양하게 진열되어 있었어요.

08 가 유치원 버스가 사고가 나서 어린 아이들이 많이 다쳤대요.
나 정말이요? 부모들이 얼마나 놀랐을까요? 다친 아이들 부모들은 정말 ________________ 겠네요.

09 가 어린 아이들이 거짓말하는 건 금방 알 수가 있어요.
나 어떻게요?
가 우선 부모님을 똑바로 쳐다보지 못하고 ________________.

10 가 요즘 청소년들의 자살률이 너무 높아지고 있지요?
나 네. 대학 입학이 너무 힘드니까 세상에 ________________ 게 되고 우울증에 걸리는 경우가 많다고 해요.

### 어휘와 표현

- 거짓말하다 to lie
- 공격하다 to attack
- 그러니까요 exactly
- 기대 expectation
- 놀라다 to be surprised
- 다양하게 variously
- 다치다 to get hurt
- 대충 roughly
- 똑바로 straight
- 막다 to try to stop
- 발레 ballet
- 백조의 호수 Swan Lake
- 보충하다 to add in
- 부분 part
- 뿌듯하다 to feel satisfaction
- 사고가 나다 to get into an accident
- 설명 explanation
- 세계적인 world-class
- 시민 citizen
- 앞길이 훤하다 the prospects are bright
- 열리다 to be held (as in an event)
- 우승하다 to win first place
- 우울증에 걸리다 to suffer from depression
- 유행이다 to be a trend
- 일어나다 to occur
- 입학 admission into a school
- 자살률 suicide rate
- 진열되다 to be on display
- 참가하다 to participate in
- 청소년 youth
- 쳐다보다 to look at
- 콩쿠르 competition
- 테러 사건 terrorist attacks
- 후반전 second half

## 친구와 함께 해요

- 친한 친구나 가족을 인터뷰하고 아래 표를 완성해 보세요.

| 질문 | 친구 이름: | 친구 이름: |
| --- | --- | --- |
| ______씨는 사람들의 눈길을 끄는 패션을 좋아하는 편이에요? 아니면 평범한 옷을 좋아하는 편이에요? | | |
| ______씨가 숨을 거두기 전에 꼭 하고 싶은 일은 뭐예요? 그 일을 하고 싶은 이유는요? | | |
| ______씨의 가족 중에서 가장 어깨가 무거운 사람은 누구라고 생각해요? 왜 그렇게 생각해요? | | |

- 이 과에서 배운 관용어를 사용해서 아래 그림의 상황을 짧게 설명해 보세요.

예 오늘 학교 가는 길에 지하철 안에서 눈길을 끄는 사람들이 있었는데 알고 보니 모델들이 패션쇼를 하는 거더라고요.

# 불꽃 튀는 경쟁이에요

*fierce competition*

## 읽어봅시다

스티브 민지 씨, 잘 지냈어요?

민지 네, 잘 지냈어요. 그런데 어제 옆집 음악소리가 너무 [1]귀에 거슬려서 잠을 잘 못 잤어요.

스티브 민지 씨는 [2]잠귀가 밝은가 봐요. 저는 잠들면 아무 소리도 못 듣거든요.

민지 그건 그렇고, 스티브 씨 저랑 빅뱅 콘서트 갈래요?

스티브 저도 콘서트 표를 알아봤는데 벌써 [3]동이 났대요.

민지 벌써요? 빅뱅 콘서트를 목이 빠지게 기다렸는데 아쉽네요.

스티브 빅뱅은 인기가 많아서 그런지 콘서트 표 사는 게 그야말로 [4]불꽃이 튀는 경쟁이더라고요. 정말 이 정도일 줄은 몰랐어요.

**Steve** Minji, how are you?

**Minji** I am doing well. But I didn't sleep very well yesterday. My next-door neighbor's music was very [1]grating.

**Steve** I guess you are a [2]light sleeper. When I sleep, I don't hear a single thing.

**Minji** Anyways, Steve, do you want to go to a Big Bang concert with me?

**Steve** I tried to get tickets too, but they were already [3]sold out.

**Minji** Already? I've been waiting so long to go. That's unfortunate.

**Steve** Since Big Bang is so popular, there's [4]fierce competition to buy the tickets. I didn't think it would be this intense, though.

| | | | | |
|---|---|---|---|---|
| 민지 | 네, 그 표 구하기는 정말 힘들어요. 내년에는 제가 [5]정신 차리고 빨리 예매할게요. | | Minji | Yes, getting tickets is very hard. Next year, I will [5]stay alert so that I can get them quickly. |
| 스티브 | 그런데 수지 씨는 표를 구했다고 하던데요. 어쩐지 [6]배가 좀 아프네요. | | Steve | I heard Suzy got the tickets. I can't help but [6]feel jealous. |
| 민지 | 그래요? 수지는 빅뱅 팬클럽 회장이라서 팬카페에 [7]문턱이 닳도록 드나들어요. | | Minji | Really? Suzy is the Big Bang fan club president so she [7]makes frequent visits to the fan café. |
| 스티브 | 그럼 다음번에는 수지 씨한테 우리 표까지 부탁하면 어때요? | | Steve | Then should we ask Suzy to get us the concert tickets next time? |
| 민지 | 다른 사람 표는 못 사나 봐요. 그렇게 하면 [8]눈총을 받는 것 같아요. 이번에는 제가 시험에 [9]발목이 잡혀서 시기를 놓쳤는데 내년에는 표가 나오면 바로 살게요. | | Minji | I don't think she can buy someone else's tickets. If she did that, she'd [8]get a lot of flak for it. The reason I missed my chance this year was because I was [9]stuck in an exam. Next year, I'm going to get the tickets as soon as they come out. |
| 스티브 | 저는 빅뱅 콘서트 표 사는 데는 [10]백기를 들었어요. 진짜 3분 만에 동이 나더라고요. | | Steve | I've [10]given up trying to buy Big Bang concert tickets. They run out in about three minutes. |

## 워밍업퀴즈 아래 관용어들을 직역(Literal meaning) 하면 무슨 뜻인지 찾아 연결하세요.

| | | | | |
|---|---|---|---|---|
| ㄱ | 귀에 거슬리다 | • • | A | to be glared at |
| ㄴ | 눈총을 받다 | • • | B | ankles are held (act.: to hold the ankles) |
| ㄷ | 동이 나다 | • • | C | sparks fly |
| ㄹ | 문턱이 닳도록 드나들다 | • • | D | sleep ears are bright (ant.: sleep ears are dark) |
| ㅁ | 발목이 잡히다 (능: 발목을 잡다) | • • | E | to become scarce |
| ㅂ | 배가 아프다 | • • | F | to go in and out until the threshold is all worn |
| ㅅ | 백기를 들다 | • • | G | to raise a white flag |
| ㅇ | 불꽃이 튀다 | • • | H | to awaken one's spirit |
| ㅈ | 잠귀가 밝다 (반: 잠귀가 어둡다) | • • | I | be harsh to the ears |
| ㅊ | 정신을 차리다 | • • | J | to have a stomachache |

## 어휘와 표현

**경쟁** competition
**구하다** to get
**그건 그렇고** anyways
**그야말로** literally
**드나들다** to come in and out
**부탁하다** to ask
**소리** sound
**시기를 놓치다** to miss an opportunity
**아쉽다** to feel disappointed
**알아보다** to look up
**옆집** next door
**예매하다** to reserve (tickets)
**이 정도인 줄 모르다** to not know it would be to this extent
**인기가 많아서 그런지** since someone/something is popular
**잠들다** to fall asleep
**표** ticket
**회장** president

## 핵심표현 익히기 뜻을 영어와 한국어로 확인하고, 여러분의 생각과 비교해 보세요.

### 귀에 거슬리다
to be unpleasant or grating (words or sounds)
어떤 말이 자기 생각과 맞지 않아 듣기 싫다.

### 눈총을 받다
to become an object of dislike or disapproval
남의 미움을 받다.

### 동이 나다
① to run out of ② to be sold out
① 있던 것을 다 써 버리다. ② 어떤 물건이 다 팔리다.

### 문턱이 닳도록 드나들다
to make frequent visits to
매우 자주 드나들다.

### 발목이 잡히다 (능: 발목을 잡다)
① to be busy (with work) ② to have one's weakness exposed or exploited (act.: to exploit another's weakness)
① 어떤 일에 꽉 잡혀서 벗어나지 못하다. ② 남에게 어떤 약점을 잡히다. (능: 남의 어떤 약점을 잡다.)

### 배가 아프다
to be jealous of someone
남이 잘되어 심술이나 질투가 나다.

### 백기를 들다
to surrender
굴복하거나 항복하다.

### 불꽃이 튀다
① to be fiercely competitive ② to have strong emotions visible in one's eyes
① 겨루는 모양이 치열하다. ② 격한 감정이 눈에 내비치다.

### 잠귀가 밝다 (반: 잠귀가 어둡다)
to be a light sleeper, to be easily awakened (ant.: to be a heavy sleeper)
작은 소리에 잠이 깰 정도로 잠결에 소리를 듣는 감각이 예민하다. (반: 자면서 소리를 잘 듣지 못하고 웬만해서는 잠을 깨지 않는다.)

### 정신을 차리다
① to come to one's senses ② to reorient oneself after a failure or mistake ③ to see reason
① 잃었던 의식을 되찾다. ② 잘못이나 실패의 원인을 알아서 뉘우치며 정신을 다잡다. ③ 사리를 분별하게 되다.

### 어휘와 표현

**감각** sense
**겨루다** to compete
**격하다** to be agitated
**굴복하다** to submit to
**꽉** tightly
**내비치다** to indicate
**뉘우치다** to feel regret for
**다잡다** to settle down
**되찾다** to recover
**드나들다** to come in and out
**맞다** to fit
**미움을 받다** to be hated
**분별하다** to differentiate
**사리** reason of things
**실패** failure
**심술** nasty temper
**써 버리다** to use up
**약점** weakness
**예민하다** to be sharp
**원인** cause
**의식** consciousness
**의식을 잃다** to lose one´s consciousness
**자기 생각** one´s own thoughts
**잠결에** while asleep
**잠이 깨다** to awake from sleep
**잡히다** to be caught
**정신** mind
**질투** jealousy
**치열하다** to be fierce
**팔리다** to be sold
**항복하다** to surrender

## 연습문제를 풀어 보세요

STEP 1 영어로 된 아래의 설명에 해당하는 한국어 관용어를 적어 보세요.

01 to be a light sleeper, to be easily awakened

______________________________________

02 to be unpleasant or grating (words or sounds)

______________________________________

03 to be busy (with work) / to have one's weakness exposed or exploited

______________________________________

04 to become an object of dislike or disapproval

______________________________________

05 to come to one's senses / to reorient oneself down after a failure or mistake / to see reason

______________________________________

06 to be jealous of someone

______________________________________

07 to make frequent visits to

______________________________________

08 to run out of / to be sold out

______________________________________

09 to surrender

______________________________________

10 to be fiercely competitive / to have strong emotions visible in one's eyes

______________________________________

STEP 2 아래 예문에 알맞은 관용어를 채워 대화를 완성해 보세요.

01 가 옆 테이블 사람들 정말 시끄럽네요.
나 저도 아까부터 그 사람들 말소리가 ______________서 다른 자리로 옮기고 싶었어요. 자리 바꿔 달라고 할까요?

02 가 마이클 씨, 오늘 아침에 왜 늦게 왔어요?
나 어제 늦게까지 일하다가 새벽에 잠들었거든요. 아침에 ______________니까 벌써 9시더라고요.
가 그렇게 정신없이 다니면 큰일 나요. 사고라도 나면 어떻게 해요? 잠은 충분히 자야 해요.

03 가 집에 쌀이 없어서 오늘 저녁은 국수로 때워야겠어요.
나 아니 왜 집에 쌀이 없어요? 생활비가 모자라요?
가 아니요, 쌀이 ______________는데 깜빡 잊어버리고 장을 안 봤어요.

04 가 이번에는 수지 씨가 정말 열심히 다이어트를 하는가 봐요. 어제 같이 피자 먹으러 가자고 했는데 싫다고 하더라고요. 다이어트 해야 한다고요.
나 원래 일주일은 잘해요. 그런데 열흘 정도 지나면 더 이상 못 참고 ______________거예요. 지난번에도 열흘을 못 넘기고 포기했었어요.

05 가 오늘 밤에 우리 학교에서 축구 결승전이 있는데 같이 응원하러 갈래요?
나 그럴까요? 두 팀 모두 쟁쟁한 팀이라 ______________는 경기가 되겠는데요. 누가 이길지 궁금하네요.

06 가 제 친구가 내일 유럽으로 여행가요. 정말 부러워 죽겠어요.
나 정말 좋겠네요. 우리도 열심히 일하고 휴가 때 여행 가야지요.
가 그래야죠. 요즘에는 세상에서 제일 부러운 사람이 자유롭게 여행 다니는 사람이에요. 제가 마음대로 못 가니까 더 ______________것 같아요.

07 가 지수 씨는 어떻게 그 회사에 취직했대요?
나 지수는 대학 때부터 인턴으로 그 회사에 ______________.
그동안 그렇게 열심히 일했는데 정말 잘됐죠.

08 가 어제 새벽 3시에 집에 들어왔지요?
나 어떻게 알았어요? 자는 줄 알고 있었는데…….
가 제가 ______________아서 조그만 소리에도 잠이 깨거든요.

09 가 다음 주 추석에 고향에 가세요?
나 아니요, 저는 못 갈 것 같아요. 지금 하는 프로젝트에 ______________서 일 끝낸 다음에 간다고 부모님께 말씀 드렸어요.

10 가 시험을 보고 있는데 휴대전화가 울려서 깜짝 놀랐어요.
나 저도 가끔 그런 실수를 해요. 회의시간에 전화기를 안 꺼놓고 있다가 ______________적이 한두 번이 아니에요.

**어휘와 표현**

결승전 final (match)
경기 game
고향 hometown
국수 noodles
궁금하다 to wonder
끝내다 to finish
때우다 to make do with (as in a meal)
마음대로 as one pleases
모자라다 to be insufficient
못 넘기다 to not be able to exceed
벨이 울리다 to ring
부러워 죽겠다 to envy someone to death
부럽다 to envy
시끄럽다 to be noisy
실수 mistake
쌀 rice
아까부터 since a while ago
여행가다 to take a trip
옮기다 to move
응원하다 to cheer
인턴 intern
자리를 바꾸다 to change seats
자유롭게 freely
잠들다 to fall asleep
장을 보다 to go grocery shopping
쟁쟁하다 to be distinguished
전화기를 안 끄다 to not turn off one's phone
정신없이 mindlessly
참다 to suppress (as in hunger)
추석 Chuseok (Korean Thanksgiving)
충분히 enough
취직하다 to get a job
큰일 나다 to get into trouble
포기하다 to give up
회의 meeting
휴가 vacation

## 친구와 함께 해요

◎ 친한 친구나 가족을 인터뷰하고 아래 표를 완성해 보세요.

| 질문 | 친구 이름: | 친구 이름: |
|---|---|---|
| ________씨는 혹시 친구가 아주 잘되어서 배가 아픈 적이 있어요? | | |
| ________씨는 잠귀가 밝은 편이에요, 어두운 편이에요? | | |
| ________씨 집에 쌀과 과자가 동이 난다면 무엇을 먼저 살 거예요? | | |

◎ 이 과에서 배운 관용어를 사용해서 아래 그림의 상황을 짧게 설명해 보세요.

예 지진(earthquake)이 나면 동네 편의점(convenience store)의 물과 음식들이 동이 나요.

# 눈앞이 캄캄해요

*to have no clue what the future holds*

## 읽어봅시다

민지 요즘 한국에서는 [1]단물만 빨아먹고 로열티를 가져가는 외국계 기업에 대한 이미지가 좋지 않아요.

스티브 저도 그런 이야기 많이 들었어요. 하지만 한국 경제가 외국 기업과 [2]한 배를 타고 있어서 어쩔 수 없는 것 같아요.

민지 그래도 이렇게 기업의 브랜드 이미지가 안 좋아지면 소비자들도 그 기업에 대해서 [3]벽을 쌓게 되고, 그럼 경영이 [4]벽에 부딪치게 될 거예요.

스티브 그렇겠죠. 기업 브랜드 이미지는 한번 나빠지면 그야말로 [5]빼도 박도 못하는 거잖아요.

민지 가뜩이나 경기가 안 좋은데 더 안 좋아지면 대학 졸업하고 어떻게 취직할지 [6]눈앞이 캄캄해요.

스티브 민지 씨가 졸업할 때에는 괜찮아질 거예요. 너무 걱정하지 마세요. 너무 걱정하면 걱정이 [7]꼬리에 꼬리를 물어요.

Minji These days in Korea, the reputation of foreign enterprises is not good because they seem [1]interested only in their own gain and in acquiring royalties.

Steve I've heard about that a lot too. However, Korea's economy [2]is heavily affected by the foreign companies, so nothing can be done.

Minji But if the brand reputation of these companies keeps getting worse, consumers will [3]keep their distance, and business will [4]hit a wall.

Steve I guess so. Once the brand image of a company is damaged, it [5]gets stuck that way and is hard to improve.

Minji The economy is already bad as it is. If it gets worse, I [6]have no idea how I will get a job after graduating.

Steve It will be better around the time you graduate. Don't worry too much. If you go

민지 글쎄 말이에요. 경제 상황이 어려워서 그런지 자꾸 부정적인 생각이 드네요.

스티브 저는 한국 사람들이 어떻게 그렇게 열심히 일만 할 수 있는지 정말 신기해요.

민지 한국 사람들은 하루 종일 공부하고 일하는 게 [8]몸에 밴 것 같아요. 당연하게 생각하는 거죠.

스티브 외국인들은 그렇게 하루 종일 일하라고 하면 [9]비위가 상해서 당장 회사를 그만 둘 거예요.

민지 그렇겠죠? 그래서 요즘은 한국 회사 분위기도 많이 바뀌고 있다고 들었어요.

스티브 하지만 요즘 같은 불경기에는 회사 분위기에 [10]찬물 끼얹지 말고 열심히 일해야지요.

민지 네, 사회생활이라는 게 정말 쉽지 않은 것 같아요.

on worrying like that then the worries will [7]keep coming.

Minji I guess you're right. I keep having negative thoughts as the economy goes down.

Steve It's fascinating to me how Korean people can work so hard.

Minji Korean people [8]have gotten used to studying and working all day. It's normal to them.

Steve If foreigners were asked to work all day like that, they would [9]feel disgusted and leave the company right away.

Minji Probably. I don't know if it's because of that, but I hear Korean working culture is changing.

Steve However, in this kind of recession, it is best [10]to not worsen the mood at the office but keep working hard.

Minji You're right. Working life is really not easy.

## 워밍업퀴즈 아래 관용어들을 직역(Literal meaning) 하면 무슨 뜻인지 찾아 연결하세요.

| | | | |
|---|---|---|---|
| ㄱ | 꼬리에 꼬리를 물다 | A | something penetrates the body |
| ㄴ | 눈앞이 캄캄하다 | B | the view in front of one's eyes is all dark |
| ㄷ | 단물만 빨아먹다 | C | to build a wall |
| ㄹ | 몸에 배다 | D | to get in the same boat |
| ㅁ | 벽에 부딪치다 | E | can neither remove nor pound further |
| ㅂ | 벽을 쌓다 | F | a tail biting a tail |
| ㅅ | 비위가 상하다 | G | to pour cold water on |
| ㅇ | 빼도 박도 못하다 | H | the spleen and the stomach are spoiled |
| ㅈ | 찬물을 끼얹다 | I | to suck only sweet water |
| ㅊ | 한 배를 타다 | J | to hit a wall |

## 어휘와 표현

~은 생각이 들다 to have an impression that –
가뜩이나 moreover
경기 economy
경영 management
경제 상황 economic conditions
그래서 그런지 it might be because of that
글쎄 말이에요. You're right.
당연하게 생각하다 to take for granted
로열티 royalties
바뀌다 to be changed
부정적인 to be negative
분위기 atmosphere
불경기 recession
사회생활 social or community life
소비자 consumer
신기하다 to be amazing
어쩔 수 없다 cannot help it
외국 기업 foreign enterprise
이미지 image
취직하다 to get a job
하루 종일 all day long

## 핵심표현 익히기 뜻을 영어와 한국어로 확인하고, 여러분의 생각과 비교해 보세요.

꼬리에 꼬리를 물다
to be back to back, to follow one after another, to succeed one another
계속 이어지다.

눈앞이 캄캄하다
to face a gloomy or unclear future, to be hopeless
어쩔 줄 몰라하다.

단물만 빨아먹다
to take the lion's share, to take advantage of
알짜나 실속이 있는 부분만 챙기고 나머지는 버리다.

몸에 배다
to become accustomed to, to get used to
여러 번 겪거나 치러서 아주 익숙하다.

벽에 부딪치다
to come to a deadlock, to hit a wall
어떤 장애물에 가로막히다.

벽을 쌓다
to keep a distance from
서로 사귀던 관계를 끊다.

비위가 상하다
① to be displeased ② to feel disgusted at
① 마음에 거슬려 마음에 들지 않고 속이 상하다. ② 비위가 좋지 않아 금방 토할 듯이 되다.

빼도 박도 못하다
to be stuck in a situation, to be in an awkward position
일이 몹시 어렵게 되어 그대로 할 수도 그만둘 수도 없다.

찬물을 끼얹다
to throw cold water on
잘되어 가고 있는 일에 뛰어들어 분위기를 흐리거나 방해하다.

한 배를 타다
to be on one team, to have the same destiny, to be in the same boat
운명을 같이하다.

### 어휘와 표현

**가로막히다** to be obstructed
**거슬리다** to be unpleasant
**겪다** to experience
**관계** relation
**끊다** to cut
**나머지** the remainder
**뛰어들다** to dive in
**방해하다** to disturb
**버리다** to throw away
**분위기를 흐리다** to ruin the atmosphere
**사귀다** to date (somebody)
**속이 상하다** to feel bad
**실속** substance
**알짜** lion's share
**운명** destiny
**이어지다** to be connected
**익숙하다** to be familiar
**장애물** obstacle
**챙기다** to take
**치르다** to go thorugh
**토하다** to vomit

## 연습문제를 풀어 보세요

STEP 1 영어로 된 아래의 설명에 해당하는 한국어 관용어를 적어 보세요.

01 to be on one team, to have the same destiny, to be in the same boat

02 to be back to back, to follow one after another, to succeed one another

03 to face a gloomy or unclear future, to be hopeless

04 to come to a deadlock, to hit a wall

05 to be stuck in a situation, to be in an awkward position

06 to be displeased / to feel disgusted at

07 to throw cold water on

08 to become accustomed to, to get used to

09 to keep a distance from

10 to take the lion's share, to take advantage of

STEP 2 아래 예문에 알맞은 관용어를 채워 대화를 완성해 보세요.

01 가 요즘 경기가 안 좋아서 아르바이트도 구하기 어렵다면서요?
나 네, 정말 그래요. 저도 지금 하는 아르바이트가 다음 달이면 끝나서 새로 찾아야 하는데 어떻게 찾아야 할지 ______________. 아르바이트를 못 찾으면 학교를 휴학해야 할지도 몰라요.

02 가 회사에서 새로 시작한 프로젝트는 잘되고 있어요?
나 아니요. 담당하시던 과장님이 회사를 갑자기 그만두시는 바람에 프로젝트가 지금 ______________.

03 가 수지가 이번 여행에 같이 못 가게 됐대.
나 정말? 계획 다 세우고 예약도 했는데 안 가면 어떻게 해? 수지가 ______________ 줄 몰랐어. 수지 때문에 다들 실망이 클 것 같아.

04 가 민지 씨, 백화점에 쇼핑하러 안 갈래요? 추석이라서 세일을 크게 한대요.
나 가고 싶기는 한데 집에 오면서 보니까 사람들이 너무 많아서 백화점 앞에 차가 ______________ 더라고요. 지금 가면 너무 복잡해서 쇼핑하기 어려울 거 같던데요.

05 가 지수 씨는 집안일을 아주 잘해요. 어제 민지 씨 생일파티에서 지수 씨가 상도 차리고 설거지도 다 하더라고요.
나 지수 씨는 어렸을 때부터 부모님이 모두 직장에 다니셔서 집안일 하는 게 ______________ 것 같아요.
가 어쩐지 집안일 하는 게 굉장히 익숙해 보이더라고요.

06 가 이번 프로젝트는 누구랑 같이 해요?
나 지훈 씨랑 같이하게 됐어요. 지훈 씨와 ______________ 으니까 같이 열심히 해서 성공적으로 끝내고 싶어요.

07 가 미안하지만 다음 주 저녁 약속 취소할 수 있을까요? 급한 일이 생겨서요.
나 어쩌지요. 벌써 식당 예약도 다 해 놓았기 때문에 지금은 ______________. 기다릴테니까 늦게라도 오세요.

08 가 지훈 씨 새 여자친구 좀 이상하지 않아요?
나 왜요? 괜찮은 것 같던데요.
가 지훈 씨가 매일 학교에 태워다 주고 저녁도 매일 사주는데 그 여자는 지훈 씨가 필요할 때만 전화하더라고요.
나 그래요? 그렇게 ______________ 으면 안 되지요. 지훈 씨는 그분한테 정말 진심인 거 같던데 걱정이네요.

09 가 한국에서는 잘 모르는 사람한테 절대로 반말로 이야기하면 안 돼요. 그렇게 하면 아주 기분 나빠하니까 조심하세요.
나 저도 알아요. 보통 처음부터 반말을 하면 상대방이 ______________ 서 가까워지기 힘들다고 들었어요.

10 가 수지 씨가 친구들을 안 만난 지 꽤 오래 됐어요. 그동안 친구들한테 서운한 게 많았나 봐요.
나 그렇다고 그렇게 ______________ 으면 안 되죠. 빨리 다시 만나서 오해를 풀었으면 좋겠어요. 언제까지 친구들을 안 볼 수는 없잖아요.

**어휘와 표현**

- 가까워지다 to get closer
- 걱정이다 to be worried
- 경기 economy
- 계획을 세우다 to make a plan
- 과장 section chief
- 구하다 to find
- 그만두다 to quit
- 기분 나빠하다 to feel offended
- 꽤 quite
- 담당하다 to be in charge
- 반말 plain speech
- 상을 차리다 to set the table
- 서운하다 to feel disappointed
- 설거지 dish-washing
- 성공적으로 successfully
- 실망 disappointment
- 아르바이트 part-time job
- 어쩌지요. Oh no (What's to be done?)
- 어쩐지 somehow
- 여행 travel
- 예약 reservation
- 오해를 풀다 to resolve a misunderstanding
- 익숙해 보이다 to look familiar
- 절대로 never
- 조심하다 to be careful
- 진심 earnestness
- 집안일 household chores
- 취소하다 to cancel
- 태워다 주다 to give someone a ride
- 필요하다 to need
- 휴학하다 to take a leave of absence (from school)

## 친구와 함께 해요

◦ 친한 친구나 가족을 인터뷰하고 아래 표를 완성해 보세요.

| 질문 | 친구 이름: | 친구 이름: |
| --- | --- | --- |
| _______씨는 직업 정신이 몸에 배었다고 생각해 본 적이 있어요? 언제 그렇게 생각했어요? | | |
| _______씨는 만약 아버지의 사업이 망해서 경제적으로 눈앞이 캄캄해진다면 어떻게 하겠어요? | | |
| _______씨한테 이유도 모르게 벽을 쌓는 것 같은 친구가 있다면 어떻게 하겠어요? | | |

◦ 이 과에서 배운 관용어를 사용해서 아래 그림의 상황을 짧게 설명해 보세요.

예 설날이나 추석에는 고향(hometown)에 가는 차들이 꼬리에 꼬리를 물어서 차가 굉장히 막혀요.

# 앞뒤가 맞지 않아요

*it doesn't make sense*

## 읽어봅시다

스티브 민지 씨, 왜 그렇게 [1]인상을 쓰고 있어요?

민지 아무리 생각해 봐도 지금 상황이 [2]앞뒤가 맞지 않아서요. 제 남자친구가 어제 바빠서 저랑 못 만난다고 했거든요. 그런데 수지가 어떤 카페에서 제 남자친구를 봤대요.

스티브 정말요? 다른 사람 아니에요?

민지 수지는 저랑 남자친구랑 셋이 많이 놀았기 때문에 [3]눈에 익어서 잘 알아요. 아마 맞을 거예요.

스티브 그럼 뭐 다른 중요한 일이 있었겠죠. 여자들이 이런 걸 이해 못해서 남자들이 힘들어하는 거예요.

민지 스티브 씨, [4]말에 가시가 있는 것 같네요. 그럼 제가 속이 좁은 사람이라는 거예요?

스티브 아니, 그런 건 아니에요. 민지 씨와 남자친구 사이에 [5]금이 가는 게 안타까워서 그러는 거죠. 민지 씨도 화가 나니까 [6]찬바람이 이네요.

**Steve** Minji, why are you [1]frowning?

**Minji** It [2]doesn't make sense, no matter how much I think about it. Yesterday, my boyfriend said that he was busy and couldn't meet with me. But Suzy said she saw him in a café.

**Steve** Really? It wasn't someone else?

**Minji** My boyfriend and I meet with Suzy often, so she [3]is familiar with him and knows his face well. She's probably right.

**Steve** Then there probably was some other important thing he had to do. Guys have a hard time because girls do not understand these kinds of situations.

**Minji** Steve, you seem to be [4]implying something with your words. Are you saying I'm petty?

**Steve** No, that's not what I meant. I just think it's

항상 따뜻한 사람인 줄 알았는데…….

민지 제가 [7]헛다리를 짚은 거였으면 좋겠네요.

스티브 그렇죠. 갑자기 중요한 일이 생겼을 수도 있고요.

민지 저도 그렇게 생각하고 싶은데 그래도 계속 열이 오르네요.

스티브 그런데 민지 씨 남자친구는 어떤 일을 해요?

민지 [8]펜대를 놀려서 먹고 사는 사람이에요. (화가 나서 비하하는 표현으로)

스티브 아, 글 쓰는 사람이에요? 어떤 글이요?

민지 영화 평론도 하고 시도 조금 써요. 그래서 돈은 [9]쥐꼬리만큼 벌어요.

스티브 그래요? 민지 씨 남자친구가 글 쓰는 사람인 줄 몰랐네요. 너무 속상하다고 오늘 밤에 혼자 [10]병나발 불고 그러는 건 아니겠죠?

a shame to see your relationship with your boyfriend [5]suffer. You [6]get quite cold when you're upset. I always thought you were a warm person...

Minji I hope I'm just [7]barking up the wrong tree.

Steve I think so. Something important might have come up last minute.

Minji I want to think that way but I keep getting angry.

Steve By the way, what does your boyfriend do for a living?

Minji He [8]scribbles with his pen. (*With a disparaging expression of anger*)

Steve Oh, a writer? What kind of things does he write?

Minji He writes movie reviews and a little poetry. That's why he earns [9]so little money.

Steve Really? I didn't know your boyfriend was a writer. You're not going to try to [10]drink away your feelings tonight, right?

## 워밍업퀴즈 아래 관용어들을 직역(Literal meaning) 하면 무슨 뜻인지 찾아 연결하세요.

| | | | | |
|---|---|---|---|---|
| ㄱ | 금이 가다 | | A | there are thorns in one's words |
| ㄴ | 병나발을 불다 (참: 나발을 불다) | | B | front and back are not matching (ant.: front and back are matching) |
| ㄷ | 눈에 익다 | | C | to be as small as a rat's tail |
| ㄹ | 말에 가시가 있다 | | D | to move a pen holder |
| ㅁ | 앞뒤가 안 맞다 (반: 앞뒤가 맞다) | | E | to blow a bottle like a trumpet |
| ㅂ | 인상을 쓰다 | | F | to have one's eyes be accustomed to |
| ㅅ | 쥐꼬리만 하다 | | G | a cold wind rises |
| ㅇ | 찬바람이 일다 | | H | to be cracked |
| ㅈ | 펜대를 놀리다 | | I | to make a wrong step |
| ㅊ | 헛다리를 짚다 | | J | to make a frowning face |

## 어휘와 표현

**글을 쓰다** to write
**놀다** to play
**돈을 벌다** to earn money
**따뜻한 사람** a warm person
**맞다** to be right
**비하하는 표현** a disparaging expression
**상황** situation
**속상하다** to be distressed
**속이 좁다** to be narrow-minded
**시** poem
**안타깝다** to feel sorry
**열이 오르다** to be upset
**영화** movie
**일이 생기다** something happens
**평론** review
**힘들어하다** to suffer from

## 핵심표현 익히기 뜻을 영어와 한국어로 확인하고, 여러분의 생각과 비교해 보세요.

### 금이 가다
to have a relationship become damaged
서로의 사이가 벌어지거나 나빠지다.

### 병나발을 불다 (참: 나발을 불다)
to drink alcohol or a beverage from a bottle (cf.: to make something known to everyone)
술이나 음료를 병째로 마시다. (참: 비밀을 지키지 않거나 말을 함부로 하고 다니다)

### 눈에 익다
to be familiar to a person
여러 번 봐서 익숙하다.

### 말에 가시가 있다
to speak sarcastically or cuttingly
말이 부드럽지 않고 불편한 기분을 주다.

### 앞뒤가 안 맞다 (반: 앞뒤가 맞다)
to be incoherent, to not be logical (ant.: to be consistent, to be logical)
이야기가 이치에 맞지 않고 분명하지 않다. (반: 이야기가 이치에 맞고 조리가 있다.)

### 인상을 쓰다
to frown in dislike of something
기분이 좋지 않거나 화가 나서 험악한 표정이나 좋지 않은 표정을 짓다.

### 쥐꼬리만 하다
to be very small or little
매우 적은 것을 비유적으로 이르는 말.

### 찬바람이 일다
to be cold in demeanor or behavior
마음이나 분위기가 살벌해지다.

### 펜대를 놀리다
to write for a living (a disparaging expression)
글을 쓰는 직업을 가지고 있다. (비하하는 표현)

### 헛다리를 짚다
to guess wrong, to bark up the wrong tree
대상을 잘못 파악하고 일을 그르치다.

### 어휘와 표현

**그르치다** to ruin
**대상** object
**벌어지다** to be estranged
**병째로** by the bottle
**분명하다** to be clear
**불편하다** to be uncomfortable
**비밀을 지키다** to keep a secret
**사이** relationship
**살벌해지다** to get brutal
**음료** drink
**조리가 있다** to be coherent
**직업** occupation
**파악하다** to grasp
**표정을 짓다** to make a facial expression
**함부로** thoughtlessly
**험악한** to be wicked

## 연습문제를 풀어 보세요

STEP 1 영어로 된 아래의 설명에 해당하는 한국어 관용어를 적어 보세요.

01 to have a relationship become damaged

02 to be familiar to a person

03 to be incoherent, to be illogical

04 to guess wrong, to bark up the wrong tree

05 to write for a living (a disparaging expression)

06 to be cold in demeanor or behavior

07 to be very small or little

08 to frown in dislike of something

09 to speak sarcastically or cuttingly

10 to drink alcohol or a beverage from a bottle

STEP 2 아래 예문에 알맞은 관용어를 채워 대화를 완성해 보세요.

01 가 요즘은 한국 영화배우들을 해외 광고에서도 많이 볼 수 있어요.
나 맞아요. 지난번에 필리핀에 갔을 때도 지하철역 광고판에 ________________은 사람이 있어서 보니까 한국 영화배우더라고요.

02 가 맞벌이 여성들은 회사 일이나 육아 때문에 정신이 없어서 남편이랑 대화가 부족한 경우가 많아요.
나 그래도 부부 사이에는 대화가 가장 중요해요. 대화가 부족하면 서로를 이해 못해서 둘 사이에 ________________기 쉽거든요.

03 가 여자친구랑 헤어졌다고 그렇게 술을 많이 마시면 어떡해요?
나 자꾸 생각이 나서 너무 괴로워요.
가 그렇게 매일 ________________면 몸이 상할 텐데 이제 그만 잊어요.

04 가 다음 주에 회사에서 우리 팀 대표로 발표를 하게 되었는데 벌써부터 걱정이에요. 저는 정말 사람들 앞에서 발표하는 게 너무 싫거든요.
나 저도 그래요. 발표보다는 며칠 밤을 새우더라도 차라리 ________________서 하는 일이 훨씬 마음이 편해요.

05 가 수진 씨, 지난주 면접 잘 했어요?
나 잘 못한 것 같아요. 예상 질문들을 가지고 연습했는데 제가 전혀 생각도 못한 질문들을 하시더라고요. 면접을 준비하기는 했는데 ________________은 것 같아요.

06 가 드라마에서 보면 가끔 시어머니들 말투가 좀 이상한 것 같아요. 며느리한테 말할 때 은근히 듣는 사람 기분 나쁘게 하는 경우가 있더라고요.
나 ________________는 것처럼 들리는 거 말이죠? 며느리한테 새로 산 옷이나 가방이 예쁘다고 칭찬할 때도 왠지 다른 뜻이 있는 것 같기도 하고요.

07 가 요즘 대학생들은 아르바이트도 두세 개씩 하나 봐요.
나 네, 워낙 등록금과 생활비가 비싸서 ________________한 월급으로 가족들이 살기도 어려운데 부모님께 모든 부담을 드리는 건 너무 죄송하니까요.

08 가 오늘 회사 사무실이 좀 썰렁하네요. 무슨 일이 있었어요?
나 이번에 판매 실적이 안 좋아서 부장님 기분이 안 좋으신가 봐요. 아까 잠깐 오셨는데 ________________더라고요.

09 가 탤런트 S씨가 가정 형편이 어려워서 열심히 돈을 버는 줄 알았는데 하와이로 호화 여행을 다녀오고 사치스러운 생활을 해왔다면서요?
나 네. 저도 그 뉴스 보고 깜짝 놀랐어요. 지금까지는 소녀가장인 줄 알았는데 ________________네요.

10 가 이번 학기 성적표 부모님께 보여드렸어요?
나 네. 보여드렸는데 제 성적이 좀 떨어져서 그런지 ________________. 다음 학기부터는 성적에 신경을 좀 더 써야겠어요.

**어휘와 표현**

**가정 형편** family (financial) circumstances
**광고** advertisement
**광고판** billboard
**괴롭다** to be painful
**기분 나쁘다** to feel offended
**대표** representative
**돈을 벌다** to make money
**등록금** tuition
**마음이 편하다** to feel at ease
**말투** tone of voice
**맞벌이 여성** a working woman in a double-income family
**며느리** daughter-in-law
**몸이 상하다** to become ill
**발표를 하다** to give a presentation
**밤을 새우다** to stay up all night
**부담** burden
**부장** department head
**사치스럽다** to be extravagant
**성적이 떨어지다** grades fall
**성적표** report card
**소녀가장** (young) female breadwinner
**시어머니** mother-in-law
**신경을 쓰다** to pay attention to
**썰렁하다** to be chilly (mood or atmosphere)
**영화배우** movie star
**예상 질문** expected question
**월급** salary
**육아** parenting
**은근히** subtly
**이상하다** to be strange
**이해 못 하다** to not understand
**정신이 없다** to be preoccupied
**차라리** rather
**칭찬하다** to compliment
**탤런트** actor/actress/celebrity
**판매 실적** sale results
**편하다** to be comfortable
**해외** overseas
**헤어지다** to break up
**호화** luxury
**회식** company dinner meeting
**훨씬** by far

## 친구와 함께 해요

◎ 친한 친구나 가족을 인터뷰하고 아래 표를 완성해 보세요.

| 질문 | 친구 이름: | 친구 이름: |
|---|---|---|
| 쥐꼬리만 한 월급을 아껴 쓰기 위한 방법에는 어떤 것이 있을까요? | | |
| ________씨는 다른 일은 하지 않고 펜대를 놀려서 생활을 할 수 있다고 생각해요? | | |
| 친구 사이에 금이 갈 만한 행동에는 어떤 것들이 있을까요? | | |

◎ 이 과에서 배운 관용어를 사용해서 아래 그림의 상황을 짧게 설명해 보세요.

예 <u>쥐꼬리만 한</u> 월급(salary)으로 생활하기가 쉽지 않아요. 월급이 좀 올랐으면(to increase) 좋겠어요.

Unit 11

# 손버릇이 나빠요

*a habit of stealing*

## 읽어봅시다

민지 어제 텔레비전 쇼 '안녕하세요'에 [1]손버릇이 나쁜 딸 때문에 고민하는 아버지가 나왔어요.

스티브 손버릇이 안 좋은 걸 어떻게 알았대요?

민지 딸이 한 달에 한 번씩 집에 올 때마다 가족들 물건이 없어져서 [2]꼬리가 잡혔나 봐요.

스티브 뭐가 없어졌는데요?

민지 수저, 냄비, 다리미, 그리고 엄마 진주 목걸이가 없어졌대요.

스티브 하하, [3]꼬리가 너무 길었네요. 조금만 가져가면 몰랐을 텐데요.

Minji In yesterday's episode of *Hello Counselor*, a father came on the show because of his daughter's [1]habit of stealing.

Steve How did he know she had this habit?

Minji She came home once a month, and every time, something of her family's would go missing, so she [2]was caught.

Steve What went missing?

Minji Utensils, a pot, an iron, and her mother's pearl necklace.

Steve Haha, she [3]was too careless. If she only took a little, no one would have noticed.

| | | | |
|---|---|---|---|
| 민지 | 그래서 그 쇼에 나온 딸이 [4]고개를 들지도 못하더라고요. | Minji | That's why the daughter was [4]too ashamed to even hold her head up on the television show. |
| 스티브 | 그렇겠죠. 텔레비전에 나와서 아버지가 그런 말을 할 줄 몰랐겠죠. [5]바늘방석에 앉은 것 같았겠네요. | Steve | I bet. She probably didn't know that her dad would talk about it on television. She must've been [5]squirming in her seat. |
| 민지 | 아마 가족들 [6]볼 낯이 없을 거예요. 전 국민이 알아버렸으니……. | Minji | She probably [6] feels really sorry to her family. All of Korea knows now... |
| 스티브 | 그런데 그렇게 텔레비전에 나와서 말하는 것 말고는 딸의 나쁜 손버릇을 고칠 수 있는 [7]뾰족한 수가 없었을까요? | Steve | But was there [7]no other way besides coming on television to fix the daughter's bad habit? |
| 민지 | 아버지가 딸한테 [8]귀에 못이 박히도록 말했는데도 나쁜 손버릇이 고쳐지지 않았대요. | Minji | The father [8]told his daughter many times but nothing changed. |
| 스티브 | 그 아버님 [9]속이 시커멓게 되셨겠네요. | Steve | He must've [9]been quite upset. |
| 민지 | 네, 그런 것 같아요. 그렇게 [10]속을 썩이는 딸이 있으면 정말 싫을 것 같아요. | Minji | Yes, I think so. I would hate to have a daughter who [10]causes me so much grief. |

## 워밍업퀴즈 아래 관용어들을 직역(Literal meaning) 하면 무슨 뜻인지 〈보기〉에서 찾아보세요.

| | | | |
|---|---|---|---|
| ㄱ | 고개를 들지 못하다 (반: 고개를 들다) | A | a callus has formed on one's ears |
| ㄴ | 귀에 못이 박히다 | B | to have a long tail |
| ㄷ | 꼬리가 길다 | C | to have a bad hand habit |
| ㄹ | 꼬리를 잡다 (피: 꼬리를 잡히다) | D | to have blackened insides |
| ㅁ | 바늘방석에 앉은 것 같다 | E | there is no sharp way |
| ㅂ | 볼 낯이 없다 | F | to not have a face to look at someone with |
| ㅅ | 뾰족한 수가 없다 | G | to feel as if one is sitting on a cushion of pins and needles |
| ㅇ | 속을 썩이다 (주: 속이 썩다) | H | cannot hold up one's head (ant.: to hold one's head up) |
| ㅈ | 속이 시커멓다 | I | to cause someone's insides to rot (vi.: one's insides rot) |
| ㅊ | 손버릇이 나쁘다 | J | to grab one's tail (pass.: to be caught by one's tail) |

## 어휘와 표현

**~말고** without ~
**고민하다** to worry
**냄비** pot
**다리미** iron
**목걸이** necklace
**물건** belongings
**버릇을 고치다** to fix a bad habit
**수저** spoon and chopsticks
**전 국민** the whole nation
**진주** pearl
**텔레비전 쇼** TV show

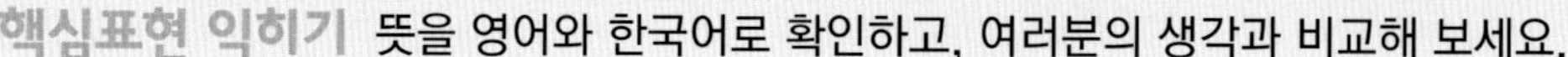

## 핵심표현 익히기 뜻을 영어와 한국어로 확인하고, 여러분의 생각과 비교해 보세요.

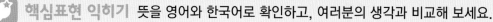

**고개를 들지 못하다 (반: 고개를 들다)**
to be ashamed to hold one's head up (ant.: to behave with confidence)
부끄러운 상황으로 떳떳하지 못하게 되어 얼굴을 들지 못하다. (반: 남을 떳떳하게 대하다.)

**귀에 못이 박히다**
to hear the same thing many times
같은 말을 여러 번 듣다.

**꼬리가 길다**
① to repeatedly do something bad ② to habitually leave a door or window open
① 어떤 행동을 오래도록 계속하다. ② 방문을 닫지 않고 드나들다.

**꼬리를 잡다 (피: 꼬리를 잡히다)**
to find evidence to convict someone (pass.: to be caught in wrongdoing)
감추고 있는 것을 알아내다. (피: 감추고 있던 것이나 비밀스럽게 한 행동이 알려지다.)

**바늘방석에 앉은 것 같다**
to be in an extremely uncomfortable situation
어떤 자리에 그대로 있기가 몹시 불편하고 불안하다.

**볼 낯이 없다**
to feel remorse and shame
죄스러울 정도로 미안하다.

**뾰족한 수가 없다**
to not have a good solution to a problem
어떤 문제를 해결할 수 있는 좋은 방법이 없다.

**속을 썩이다 (주: 속이 썩다)**
to deeply hurt someone (vi.: to be troubled or annoyed by someone or something)
어떤 사람을 좋지 못한 일이나 마음에 들지 않는 행동으로 몹시 괴롭게 하다.

**속이 시커멓다**
① to be upset or bothered ② to be black-hearted
① 괴로워하다 ② 마음이 깨끗하지 않고 엉큼하거나 음흉하다.

**손버릇이 나쁘다**
① to have a habit of stealing other people's belongings ② to have a habit of hitting others
① 남의 물건을 훔치거나 망가뜨리다. ② 남을 때리는 버릇이 있다.

### 어휘와 표현

**감추다** to conceal
**괴로워하다** to be tormented by
**괴롭게 하다** to distress (someone)
**드나들다** to go in and out
**때리다** to hit
**떳떳하다** to be blameless
**망가뜨리다** to break
**방문** room door
**버릇** habit
**부끄럽다** to be ashamed
**불안하다** to feel uneasy
**불편하다** to feel uncomfortable
**비밀스럽게** secretly
**상황** situation
**알아내다** to discover
**엉큼하다** to be sly
**오래도록** for a long time
**음흉하다** to be treacherous
**죄스럽다** to feel guilty
**해결하다** to solve
**행동** behavior
**훔치다** to steal

## 연습문제를 풀어 보세요

STEP 1 영어로 된 아래의 설명에 해당하는 한국어 관용어를 적어 보세요.

01 to feel remorse and shame

02 to repeatedly do something bad / to habitually leave a door or window open

03 to be in an uncomfortable situation

04 to have a habit of stealing / to have a habit of hitting others

05 to deeply hurt someone

06 to not have a good solution to a problem

07 to be ashamed to hold one's head up

08 to be upset or bothered / to be black-hearted

09 to find evidence to convict someone

10 to hear the same thing many times

STEP 2 아래 예문에 알맞은 관용어를 채워 대화를 완성해 보세요.

01 가 요즘 대학 등록금이 너무 비싸지 않아요?
나 네, 등록금을 내릴 수 있는 ______________는 것 같아요.
가 선거 때마다 등록금 인하 공약을 하는데도 해결책을 찾기가 쉽지 않은가 봐요.

02 가 내일이 시험이지만 오늘이 제일 친한 친구의 생일이라서 파티에 가야 돼요.
나 제일 친한 친구니까 안 갈 수도 없고 파티에 가도 불안해서 ______________은 기분이겠네요.

03 가 오늘 도서관에서 제 휴대폰을 잃어버렸어요.
나 요즘 학교 도서관에 ______________사람이 있나 봐요. 누군가 물건을 자꾸 훔쳐가는 것 같아요. 제 친구도 지난주에 도서관에서 지갑을 잃어버렸어요.

04 가 제 조카가 이제 중학생인데 사춘기라 반항하기 시작했대요.
나 형님과 형수님 ______________게 타시겠네요. 저도 중학생 때 부모님 말씀을 잘 안 들어서 어머니께서 많이 속상해 하셨어요.

05 가 어제 또 동생이 학교에 안 가고 피시(PC)방에서 게임을 하다가 엄마한테 걸렸어요.
나 동생이 드디어 ______________군요. 이제 피시(PC)방 근처에는 가지도 못하겠네요.

06 가 다이어트할 때 빵이나 쌀을 많이 먹으면 안 돼요?
나 네. 빵이나 쌀을 먹으면 살이 많이 찌나 봐요. 그런데 그런 얘기를 ______________ 들어도 빵이 앞에 있으면 안 먹을 수가 없어요.
가 맞아요. 많이 들어서 알고 있어도 지키기가 쉽지 않아요.

07 가 어제 드디어 자전거 도둑을 잡았어요.
나 정말이요? 누구예요?
가 같은 동네에 사는 고등학생인데 제 앞에서 ______________ 하더라고요.
나 그러게 왜 그렇게 부끄러운 행동을 했을까요?

08 가 부모님 말씀을 안 들은 적이 있어요?
나 그럼요. 부모님은 제가 의대에 가기를 원하셨지만 제가 공부도 안 하고 방황해서 부모님의 ______________. 그때는 정말 많이 속상해 하셨지만 지금은 다 이해해 주세요.

09 가 수능시험 잘 봤어요?
나 아니요. 점수가 생각보다 안 좋아서 열심히 뒷바라지해 주신 부모님 ______________. 지금까지 열심히 뒷바라지해 주셨는데 죄송한 마음뿐이에요.

10 가 어떤 연예인이 불법 스포츠 도박을 하다가 걸렸대요.
나 그런 사람은 아마 한두 번 도박을 한 게 아닐 거예요. ______________면 잡히는 게 당연하죠.

### 어휘와 표현

걸리다 to be caught
공약 pledge
당연하다 to be obvious
도둑 thief
도박 gambling
뒷바라지하다 to support
드디어 finally
등록금 tuition
반항하다 to rebel
방황하다 to wander
불법 illegal
사춘기 puberty
살이 찌다 to gain weight
생각보다 more than one thought
선거 election
속상하다 to be upset
속이 타다 to be torn by anxiety
수능시험 college entrance exam
연예인 celebrity
원하다 to want
이해하다 to understand
인하 reduction
잃어버리다 to lose
점수 score
조카 nephew/niece
지갑 wallet
지키다 to keep
해결책 solution
행동 behavior
형님 older brother
형수님 sister-in-law (wife of older brother)

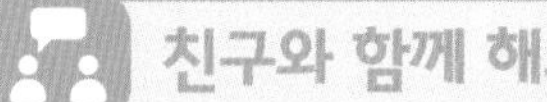

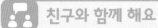

## 친구와 함께 해요

- 친한 친구나 가족을 인터뷰하고 아래 표를 완성해 보세요.

| 질문 | 친구 이름: | 친구 이름: |
|---|---|---|
| ______씨는 바늘방석에 앉은 것 같은 상황이 있었나요? 있었다면 언제예요? | | |
| ______씨는 어렸을 때 부모님의 속을 썩이는 편이었어요? 아니면 부모님 말씀 잘 듣는 착한 아이였어요? | | |
| ______씨는 고등학교 때 손버릇이 나쁜 친구들이 있었나요? 어떤 일이 있었어요? | | |

- 이 과에서 배운 관용어를 사용해서 아래 그림의 상황을 짧게 설명해 보세요.

예 제가 학교에 갔다 오면 어머니께서 항상 '가방 아무데나 던져 놓지마'라고 귀에 못이 박히게 말씀하셨어요.

Unit 12

# 서로 호흡이 잘 맞아요

*great teamwork*

## 읽어봅시다

민지 어제 월드컵 준결승전 봤어요?

스티브 네, [1]마음을 졸이면서 봐서 그런지 오늘 너무 피곤하네요.

민지 그랬어요? 저는 독일 팀이 [2]호흡이 아주 잘 맞아서 이길 거라고 생각했어요.

스티브 맞아요. 그리고 페널티 킥을 성공했을 때는 [3]입이 딱 벌어졌어요.

민지 독일 선수들도 결승전까지는 아직 삼 일이 남아 있으니까 그동안 [4]한숨 돌릴 수 있겠어요.

스티브 그렇지만 브라질 팀과는 [5]하늘과 땅만큼 큰 실력 차이가 나니까 아마도 우승하기 힘들 거예요.

Minji Did you watch the World Cup semifinals yesterday?

Steve Yes, I [1]was on pins and needles the whole time. I think that's why I'm tired today.

Minji Really? I thought the German team would win [2]because of their great teamwork.

Steve That's true. Also my [3]jaw dropped when they scored the penalty kick.

Minji The German players have three days till the finals so they can [4]take some time to relax.

Steve But there's [5]a wide gap in the skill level between them and the Brazilian players, so it's going to be hard to win.

민지 아니에요, 독일과 브라질은 둘 다 [6]혀를 내두를 정도의 실력이라 누가 이길지는 아무도 몰라요.

스티브 에이, 만일 독일이 이기면 [7]해가 서쪽에서 뜰 거예요.

민지 정말이요? 저는 독일 팀이 호흡이 잘 맞아서 결승전도 [8]손에 땀을 쥐게 하는 경기가 될 거 같은데요.

스티브 뭐, 독일이나 브라질이나 축구로는 [9]손에 꼽는 나라들이니까 재미있는 결승전이 될 것 같긴 하네요.

민지 우리 같이 결승전 봐요. 결승전에서는 선수들이 [10]눈살을 찌푸리게 하는 반칙은 안 했으면 좋겠어요.

스티브 저도 같은 생각이에요. 결승전이 손꼽아 기다려지네요.

Minji No, both teams are [6]astonishingly good to the point where no one knows who will win.

Steve Nah, [7]there's no chance that Germany wins the game.

Minji Really? Since the German team has such good teamwork, I think the finals will also be [8]very gripping.

Steve Well, both Germany and Brazil are [9]exceptionally good, so the finals should be entertaining.

Minji Let's watch the finals together. I hope the players don't commit [10]unnecessary fouls that make the audience feel uncomfortable.

Steve I feel the same way. I can't wait for the finals.

## 워밍업퀴즈 아래 관용어들을 직역(Literal meaning) 하면 무슨 뜻인지 찾아 연결하세요.

ㄱ 눈살을 찌푸리다 •
ㄴ 손에 땀을 쥐다 •
ㄷ 마음을 졸이다 •
ㄹ 손에 꼽다 (참: 손꼽아 기다리다) •
ㅁ 입이 (딱) 벌어지다 •
ㅂ 하늘과 땅 •
ㅅ 한숨 돌리다 •
ㅇ 해가 서쪽에서 뜨다 •
ㅈ 혀를 내두르다 •
ㅊ 호흡이 맞다 (타: 호흡을 맞추다) •

• A to frown
• B to hold sweat (in one's hand)
• C to roll one's tongue
• D heaven and earth
• E to take a deep breath
• F to count on one's fingers (cf.: to wait counting on one's fingers)
• G the sun rises from the west
• H one's mouth is agape
• I to simmer one's heart
• J to have the same breathing pattern (vt.: to breathe in time with someone)

## 어휘와 표현

결승전 final
남아 있다 to remain
독일 Germany
맞아요. That's right.
반칙 foul
성공하다 to succeed
실력 차이 ability gap
우승하다 to win first place
월드컵 the World Cup
이기다 to win
준결승전 semifinal
차이가 나다 to be distinguished from
페널티 킥 penalty kick
피곤하다 to be tired

## 핵심표현 익히기 뜻을 영어와 한국어로 확인하고, 여러분의 생각과 비교해 보세요.

### 눈살을 찌푸리다
to frown in discomfort or disapproval
마음에 들지 않는 뜻을 나타내어 미간을 찡그리다.

### 손에 땀을 쥐다
to be very excited, to have a lively time of it
아슬아슬하여 마음이 긴장되고 조마조마하다.

### 마음을 졸이다
to be fidgety, to be anxious, to worry oneself
속을 태우다시피 초조해하다.

### 손에 꼽다 (참: 손꼽아 기다리다)
to be rare, to be unusual (cf.: to be full of anticipation or anxiousness)
손에 꼽을 정도로 많지 않다. (참: 기대에 차 있거나 안타까운 마음으로 날짜를 꼽으며 기다리다.)

### 입이 (딱) 벌어지다
to gape in astonishment or excitement
매우 놀라거나 좋아하다.

### 하늘과 땅
a world of difference, a large gap
둘 사이에 큰 차이나 거리가 있음을 비유적으로 이르는 말.

### 한숨 돌리다
to relieve to a certain degree, to catch a minute's breath
힘겨운 고비를 넘기고 좀 여유를 갖다.

### 해가 서쪽에서 뜨다
something impossible happens
전혀 예상 밖의 일이나 절대로 있을 수 없는 일을 하려고 하거나 하였을 경우를 비유적으로 이르는 말.

### 혀를 내두르다
to be astonished at
몹시 놀라거나 어이없어서 말을 못하다.

### 호흡이 맞다 (타: 호흡을 맞추다)
to work in harmony (vt.: to be attuned to each other, to keep in step with)
일을 할 때 서로의 생각과 마음이 잘 맞다. (타: 일을 할 때 서로의 생각이나 뜻이 잘 맞도록 노력하다.)

### 어휘와 표현

**거리** distance
**고비** crucial moment
**기대에 차다** to be in anticipation
**긴장되다** to get nervous
**날짜를 꼽다** to count the days with one's fingers
**넘기다** to pass
**노력하다** to make an effort
**미간** middle of the forehead
**속을 태우다** to worry
**아슬아슬하다** to be very close
**안타깝다** to be anxious
**어이없다** to be dumbfounded
**여유를 갖다** to take one's time
**예상** prediction
**조마조마하다** to get anxious
**찡그리다** to frown
**차이** difference
**초조하다** to be anxious
**힘겹다** to be arduous

## 연습문제를 풀어 보세요

STEP 1 영어로 된 아래의 설명에 해당하는 한국어 관용어를 적어 보세요.

01 to work in harmony

02 to be fidgety, to be anxious, to worry oneself

03 to be astonished at

04 to frown in discomfort or disapproval

05 to be very excited, to have a lively time of it

06 something impossible happens

07 to gape in astonishment or excitement

08 to be rare, to be unusual

09 a world of difference, a large gap

10 to relieve to a certain degree, to catch a minute's breath

**STEP 2** 아래 예문에 알맞은 관용어를 채워 대화를 완성해 보세요.

01 가 대학 입학시험 합격자 발표는 언제예요?
나 다음 주예요. 그래서 요즘 며칠 동안 ________________ 이고 있어요. 너무 떨려서 아무것도 못 하겠어요.

02 가 이번 피아노 콩쿠르에서 우승한 사람 연주 들어봤어요?
나 네. 어제 텔레비전에서 봤는데 정말 ________________ 더라고요. 진짜 완벽했어요.
가 정말 잘하지요? 저도 진짜 감동받았어요. 지금까지 피아노 음악이 그렇게 좋은지 몰랐어요.

03 가 이번에 같이 프로젝트 하는 사람들은 어때요?
나 아주 좋아요. 서로 ________________ 아서 같이 일을 하기가 참 편해요.

04 가 저 다음 학기에 교환학생으로 프랑스에 가게 됐어요.
나 잘됐네요. 교환학생으로 뽑히는 사람이 많지 않아서 ________________ 다고 하던데…….
가 운이 좋았던 것 같아요. 어쨌든 프랑스에 가는 날을 ________________ 고 있어요. 너무 기대돼요.

05 가 취직 준비는 잘 하고 있어요?
나 네. 1차 시험은 합격해서 ________________ 고 있어요. 이제 2차 면접시험 준비를 해야지요.
가 좀 쉬면서 준비하세요. 2차 면접에서는 많이 떨어지지 않는대요.

06 가 일곱 살짜리 꼬마가 K-pop 오디션 프로그램에 나온 거 봤어요?
나 네. 저도 봤는데 정말 노래를 잘하더라고요. 심사위원들도 모두 ________________. 노래는 물론이고 춤도 너무 잘 추던데요.

07 가 이번 연말에 정말 보너스가 있을까요?
나 이번에는 회사 실적이 안 좋아서 아마 보너스는 없을 거예요.
가 보너스 준다는 소문이 있던데요?
나 만약 보너스 나오면 정말 ________________ 거예요.

08 가 영화관에서 어떤 사람이 휴대전화로 문자 메시지를 계속 보내서 너무 방해가 됐어요.
나 영화관에 가끔 그렇게 ________________ 게 하는 사람들이 있지요.

09 가 한국이랑 일본은 문화가 서로 비슷한가요?
나 전혀요. 한국과 일본은 지리적으로 가깝기는 하지만 문화는 ________________ 만큼 달라요.

10 가 프로야구 한국시리즈 결승전 봤어요?
나 네, 봤어요. 정말 ________________ 게 하는 경기였어요. 9회 말에 역전승으로 이겨서 더 재미있었어요.

**어휘와 표현**

- ~는 물론이고 in addition to ~
- 감동받다 to be impressed
- 결승전 final
- 교환학생 exchange student
- 기대되다 to be expectant
- 꼬마 little kid
- 떨리다 to tremble
- 떨어지다 to fail
- 면접 interview
- 문자 메시지 text message
- 문화 culture
- 발표 announcement
- 방해 disturbance
- 보너스 bonus
- 뽑히다 to be chosen
- 소문 rumor
- 실적 performance
- 심사위원 judge
- 역전승 an upset (victory)
- 연말 end of the year
- 연주 performance
- 완벽하다 to be perfect
- 우승하다 to win first place
- 운 luck
- 입학시험 entrance exam
- 지리적으로 geographically
- 취직 준비 job preparation
- 콩쿠르 competition (concours)
- 프로야구 professional baseball
- 합격자 successful candidate

## 친구와 함께 해요

◦ 친한 친구나 가족을 인터뷰하고 아래 표를 완성해 보세요.

| 질문 | 친구 이름: | 친구 이름: |
|---|---|---|
| ________씨는 지하철에서 눈살을 찌푸리게 행동하는 사람을 본 적이 있어요? | | |
| 호흡이 잘 맞지 않는 사람과 같이 프로젝트를 해야 할 때, 어떤 방법이 가장 좋을까요? 좋은 방법이 있으면 알려 주세요. | | |
| 혹시 요즘 손꼽아 기다리는 사람이나 일이 있어요? | | |

◦ 이 과에서 배운 관용어를 사용해서 아래 그림의 상황을 짧게 설명해 보세요.

예 어제 축구 결승전 승부차기(penalty shoot-out)는 손에 땀을 쥐게 했어요. 정말 마음을 졸이면서 봤어요.

Unit 13

# 손을 놓을 수가 없어요

*can't get away from*

## 읽어봅시다

민지 스티브 씨, 오후에 시간 있어요? 시간 괜찮으면 같이 휴대전화 사러 가요.

스티브 휴대전화 바꾸려고요? 왜요?

민지 제 휴대전화가 요즘 [1]밥 먹듯이 고장이 나요.

스티브 그런데 어쩌죠? 지금 하고 있는 실험에서 [2]손을 놓을 수가 없어서 같이 못 갈 것 같아요.

민지 왜요? 실험이 [3]순풍에 돛 단 듯이 잘되고 있었잖아요.

스티브 그런 줄 알았는데 같이 일하는 사람한테 [4]뒤통수를 맞았어요.

**Minji** Steve, are you free this afternoon? If you are, come with me to buy a phone.

**Steve** Are you going to change your phone? Why?

**Minji** My phone [1]keeps malfunctioning.

**Steve** Uh-oh. But I can't [2]get away from the experiment I am doing right now, so I don't think I can go with you.

**Minji** Why? Wasn't the experiment [3]going smoothly?

**Steve** That's what I thought, but I was [4]left out to dry by my partner.

민지 뒤통수를 맞았다고요? 왜요?

스티브 실험에 문제가 생겨서 다시 봐야 하는데 [5]뒷짐 지고 보기만 하고 도와주지를 않아요. 그래서 요즘 저 혼자 실험실에서 [6]새우잠을 자면서 일하고 있어요.

민지 그런 사람은 [7]매운맛을 보여 줘야 해요. 스티브 씨가 한번 말해 보세요.

스티브 벌써 여러 번 말했어요. 그런데도 [8]손가락 하나 까딱하지 않아서 제 [9]입만 아파요. 그냥 제가 하는 게 나아요.

민지 스티브 씨는 인내심이 정말 많은가 봐요. 저는 말만 들어도 [10]피가 거꾸로 솟네요.

Minji What do you mean? Why?

Steve There was a problem with the experiment so we had to do it again, but he [5]was irresponsible and refused to help. So these days I [6]sleep curled up in the lab and work by myself.

Minji Those kinds of people have to be [7]taught a harsh lesson. Why don't you talk to him?

Steve I already confronted him a couple of times. But he's still [8]lazy and doesn't do anything, so it just [9]wastes my time. It's just easier for me to do the work.

Minji You're so patient, Steve. Just hearing about this makes me [10]infuriated.

## 워밍업퀴즈 아래 관용어들을 직역(Literal meaning) 하면 무슨 뜻인지 찾아 연결하세요.

| | | | |
|---|---|---|---|
| ㄱ | 뒤통수를 맞다 (반: 뒤통수를 치다) | A | to cross one's arms behind one's back |
| ㄴ | 뒷짐 지다 | B | to give somebody a taste of something (spicy or bitter) |
| ㄷ | (매운, 쓴)맛을 보여 주다 | C | it only hurts one's own mouth |
| ㄹ | 밥 먹듯 하다 | D | to let go of one's grip (cf.: to take one's hand off) |
| ㅁ | 새우잠을 자다 | E | to sail with the wind |
| ㅂ | 손가락 하나 까딱하지 않다 | F | blood flows in the opposite direction |
| ㅅ | 손을 놓다 (참: 손을 떼다) | G | to do as if eating a meal |
| ㅇ | 순풍에 돛을 달다 | H | to get hit on the back of one's head (ant.: to hit the back of one's head ) |
| ㅈ | 입만 아프다 | I | to not move even a finger |
| ㅊ | 피가 거꾸로 솟다 | J | to sleep like a shrimp |

## 어휘와 표현

~는 게 낫다 it's better to –
고장이 나다 to break down
도와주다 to help out
문제가 생기다 to have a problem
바꾸다 to change
실험 experiment
실험실 laboratory
어쩌죠 I'm sorry
여러 번 many times
오후 afternoon
인내심 patience
혼자 alone
휴대전화 cell phone

## 핵심표현 익히기 뜻을 영어와 한국어로 확인하고, 여러분의 생각과 비교해 보세요.

### 뒤통수를 맞다 (반: 뒤통수를 치다)
to get stabbed in the back, to be lied to (ant.: to betray someone)
배신이나 배반을 당하다. (반: 배신을 하다.)

### 뒷짐 지다
to behave indifferently or irresponsibly
어떤 일에 자신은 전혀 상관없는 것처럼 구경만 하고 있다.

### (매운, 쓴)맛을 보여 주다
to give a person a lesson, to let someone taste the bitterness of an experience
어려움을 주어 교훈을 얻게 하다.

### 밥 먹듯 하다
to do something very often, to be part of one's daily life
어떤 일을 밥 먹는 것처럼 자주 하다.

### 새우잠을 자다
to sleep curled up
새우처럼 등을 구부리고 자거나 소파나 책상 등에서 불편하게 자다.

### 손가락 하나 까딱하지 않다
to not do anything, to be very lazy
아무 일도 안 하고 놀고만 있음을 비난하면서 이르는 말.

### 손을 놓다 (참: 손을 떼다)
to give up doing one's work, to stop (doing) (cf.: to opt out)
하던 일을 그만두다. (참: 하던 일을 그만두고 다시 손대지 않다.)

### 순풍에 돛을 달다
to go smoothly, like sailing downwind
(배가 갈 방향으로 돛을 다니 배가 빨리 달린다는 뜻으로) 일이 순조롭게 진행됨을 비유적으로 이르는 말.

### 입만 아프다
to speak in vain, to waste one's breath
여러 번 말해도 받아들이지 않아 말한 보람이 없다.

### 피가 거꾸로 솟다
to become infuriated
피가 머리로 모인다는 뜻으로 매우 흥분한 상태를 비유적으로 이르는 말.

#### 어휘와 표현

**교훈을 얻다** to learn a lesson
**구경하다** to look around
**구부리다** to bend
**그만두다** to quit
**돛을 달다** to set a sail
**모이다** to gather
**받아들이다** to accept
**방향** direction
**배반** betrayal
**배신** betrayal
**보람** fruitfulness
**비난하다** to criticize
**상관없다** to have nothing to do with
**상태** condition
**새우** shrimp
**손대다** to deal with
**순조롭게** smoothly
**진행되다** to progress, to unfold
**피** blood
**흥분하다** to be heated

## 연습문제를 풀어 보세요

STEP 1 영어로 된 아래의 설명에 해당하는 한국어 관용어를 적어 보세요.

01 to give up doing one's work, to stop

______________________________

02 to become infuriated

______________________________

03 to behave indifferently or irresponsibly

______________________________

04 to speak in vain, to waste one's breath

______________________________

05 to give a person a lesson, to let someone taste the bitterness of an experience

______________________________

06 to not do anything, to be very lazy

______________________________

07 to sleep curled up

______________________________

08 to get stabbed in the back, to be lied to

______________________________

09 to do something very often, to be part of one's daily life

______________________________

10 to go smoothly, like sailing downwind

______________________________

## STEP 2 아래 예문에 알맞은 관용어를 채워 대화를 완성해 보세요.

01 가 밤새도록 실험실에 있었나 봐요. 정말 피곤해 보여요.
나 네, 실험이 새벽 5시쯤 끝났어요. 그래도 실험 끝나고 새벽에 소파에 누워서 잠깐 ________________더니 이젠 좀 괜찮아요.

02 가 요즘 지훈 씨가 학교에서 잘 안 보이네요.
나 네, 요즘 지훈이가 인터뷰 다니느라고 결석을 ________________.

03 가 제 동생이 운동을 너무 안 해서 걱정이에요.
나 제 동생도 그래요. 아무리 운동하라고 해도 듣지 않으니 제 ________________. 아무리 말해도 소용없어요.

04 가 이번 프로젝트는 언제 끝나요? 시작한 지 한참 지났는데…….
나 팀원 중에 ________________ 잘 안 도와주는 사람이 있어서 좀 늦어지고 있어요.
가 어떻게 자기 팀 프로젝트인데 다른 사람이 하기만 기다리죠? 정말 이해할 수가 없네요.

05 가 일요일에 뭐 하세요? 같이 등산갈까요?
나 저는 주중에 회사일 때문에 너무 힘들어서 주말에는 ________________고 누워서 텔레비전만 봐요.

06 가 시간도 늦었는데 이제 퇴근하시죠.
나 내일까지 계획서를 내야 해서 ________________ 수가 없어요. 먼저 들어가세요.

07 가 민수 씨는 뉴스나 신문에 보도되는 내용을 다 믿을 수 있다고 생각하세요?
나 요즘은 신문기사를 봐도 그게 다 사실인지 잘 모르겠어요. 얼마 전에는 사실이라고 믿었던 것이 거짓으로 밝혀져서 ________________ 것 같은 기분이 든 적도 있고요.

08 가 지난달에 산 컴퓨터가 벌써 고장이 났어요.
나 벌써요? 서비스 센터에 전화했어요?
가 아무리 전화해도 연결이 안 돼요. 컴퓨터 때문에 며칠째 논문도 못 쓰고 있는데 정말 화가 나서 ________________ 것 같아요.

09 가 중국 시진핑 주석이 언제 한국을 방문했지요?
나 2014년에 방문했어요. 그래서 그 이후에 한국과 중국의 관계가 ________________듯이 잘 흘러가고 있잖아요.

10 가 이번 테러 공격에 대해서 어떻게 생각하세요?
나 이번 기회에 테러집단에 단단히 ________________ 줘야 한다고 생각해요. 다시는 그런 짓을 못 하도록 아주 혼을 내야 해요.

### 어휘와 표현

- **거짓** false
- **결석** absence
- **계획서** business plan
- **공격** attack
- **관계** relationship
- **기사** article
- **내용** content
- **논문** thesis
- **단단히** firmly
- **믿다** to believe
- **밝혀지다** to be disclosed
- **밤새도록** all night
- **방문하다** to visit
- **보도되다** to be reported
- **사실** truth
- **소용없다** to be useless
- **실험** experiment
- **실험실** laboratory
- **연결이 안 되다** to not be connected, to not go through (as in a phone call)
- **이후** afterwards
- **주석** premier
- **테러 집단** terrorist group
- **퇴근하다** to leave work
- **팀원** group member
- **피곤해 보이다** to look tired
- **한참 지나다** a long time has passed
- **혼을 내다** to scold
- **흘러가다** to flow

## 친구와 함께 해요

친한 친구나 가족을 인터뷰하고 아래 표를 완성해 보세요.

| 질문 | 친구 이름: | 친구 이름: |
|---|---|---|
| ________씨는 요즘 공부하느라 책상에서 새우잠을 잔 적이 있어요? 고등학교 때는 있었어요? | | |
| ________씨는 믿었던 친구에게 뒤통수를 맞으면 용서할 수 있을 것 같아요? | | |
| ________씨는 뒤통수를 친 친구에게 매운맛을 보여 주는 가장 좋은 방법은 무엇이라고 생각해요? | | |

이 과에서 배운 관용어를 사용해서 아래 그림의 상황을 짧게 설명해 보세요.

예 우리 아버지는 주말에 손가락 하나 까딱하지 않고 주무시기만 해요. 회사일이 너무 많아서 쉬고 싶으신 마음은 이해하지만 저는 놀이공원(amusement park)에 가서 놀고 싶어요.

Unit
# 14 제 눈에 안경이에요
*beauty is in the eye of the beholder*

## 읽어봅시다

민지 수지 남자친구가 수지를 [1]헌신짝같이 버렸대요.

스티브 왜요? 수지 씨 착하잖아요.

민지 그 남자는 [2]콧대가 너무 높아서 자신감이 [3]하늘 높은 줄 몰라요.

스티브 그런데 수지 씨는 왜 그런 사람을 사귀었어요?

민지 [4]제 눈에 안경이죠. 제가 그렇게 나쁜 남자라고 이야기를 했는데도 안 듣더니만……. 너무 안됐어요. 수지는 [5]주머니를 다 털어서 정말 좋은 선물도 사줬는데 말이에요.

Minji Suzy's boyfriend [1]dumped Suzy like a worn out shoe.

Steve Why? Suzy is very kind.

Minji He [2]is very arrogant. He has a [3]very inflated sense of his own self-importance.

Steve Why did Suzy date someone like him?

Minji [4]Beauty is in the eye of the beholder. Even though I told her I didn't think he was a good guy, she never listened. It's quite sad, really. Suzy often spent [5]whatever money

스티브 그런 남자라면 빨리 헤어지길 잘 했네요. 결국에는 잘 안될 게 [6]불 보듯 훤하잖아요.

민지 그렇기는 해요. 그 남자는 자기가 [7]뼈대 있는 집안 자식이라고 [8]목에 힘을 주고 다니기도 했어요.

스티브 그 사람은 거의 뭐 부잣집 [9]고삐 풀린 망아지 스타일이네요.

민지 맞아요. 저는 아무리 집안 좋고 [10]가방끈이 길어도 그런 스타일은 싫어요.

스티브 하하, 민지 씨는 보는 눈이 정확해요.

she had to buy him nice presents.

Steve Then it's a good thing she broke up with him sooner rather than later. It [6]seems quite obvious that they wouldn't last very long.

Minji That's true. Her boyfriend also boasted about being from a [7]distinguished family and [8]lorded it over others.

Steve He sounds like a [9]spoiled, good-for-nothing rich kid.

Minji Exactly. I can't stand that kind of person, no matter how well off or [10]well educated.

Steve Haha, that's a spot-on assessment.

## 워밍업퀴즈 아래 관용어들을 직역(Literal meaning) 하면 무슨 뜻인지 찾아 연결하세요.

| | | | |
|---|---|---|---|
| ㄱ | 가방끈이 길다 (반: 가방끈이 짧다) | A | to strain one's neck |
| ㄴ | 고삐 풀린 망아지 | B | glasses on the eyes of the beholder |
| ㄷ | 목에 힘을 주다 | C | to throw away like a worn out shoe |
| ㄹ | 불 보듯 훤하다 | D | to not know how high the sky is |
| ㅁ | 뼈대 있는 집안 | E | to be as clearly visible as a fire |
| ㅂ | 제 눈에 안경 | F | to empty one's pockets |
| ㅅ | 주머니를 털다 | G | an unbridled foal |
| ㅇ | 콧대가 높다 | H | a family with bones |
| ㅈ | 하늘 높은 줄 모르다 | I | bag strings are long (ant.: bag strings are short) |
| ㅊ | 헌신짝같이 버리다 | J | the bridge of one's nose is high |

## 어휘와 표현

거의 almost
결국에는 after all
그렇기는 해요 that's true
나쁘다 to be bad
보는 눈이 정확하다 to have a sharp eye
부잣집 rich family
안됐다 that's too bad
자식 child
자신감 confidence
잘 안되다 to not go well
정확하다 to be accurate
집안이 좋다 to come from a distinguished family
착하다 to be nice
헤어지다 to break up

## 핵심표현 익히기 뜻을 영어와 한국어로 확인하고, 여러분의 생각과 비교해 보세요.

### 가방끈이 길다 (반: 가방끈이 짧다)
to be highly educated (ant.: to not have much of an academic background)
많이 배워 학력이 높다. (반: 많이 배우지 못해 학력이 낮다.)

### 고삐 풀린 망아지
someone who is undisciplined or uncontrolled
굴레 벗은 말처럼 얽매이지 않거나 통제를 받지 않다.

### 목에 힘을 주다
to lord it over someone, to act as if superior
잘난 척을 하거나 남을 깔보는 듯한 태도를 취하다.

### 불 보듯 훤하다
to be as plain as day, to be obvious
앞으로 일어날 일이 의심할 여지가 없이 아주 명백하다.

### 뼈대 있는 집안
a prestigious and distinguished family
조상이나 가족들이 사회적으로 유명하거나 성공한 사람이 많은 집.

### 제 눈에 안경
beauty is in the eye of the beholder
보잘것없는 물건이나 사람이라도 자기 마음에 들면 좋게 보인다는 말.

### 주머니를 털다
① to empty one's purse to the last penny ② to commit robbery
① 가지고 있는 돈을 모두 내놓다. ② 강도질을 하다.

### 콧대가 높다
to be snobbish, to be haughty
잘난 척하거나 자존심이 세다.

### 하늘 높은 줄 모르다
① to not know one's place ② to be headed toward advancement (in one's career) ③ to jump up madly (as in prices)
① 자기 분수를 모르다. ② 출세가도를 달리다. ③ 물가가 매우 높게 뛰다.

### 헌신짝같이 버리다
to cast somebody or something aside
필요할 때 잘 쓴 다음 아깝지 않게 내버리다.

### 어휘와 표현

**강도질** robbery
**굴레** bridle
**깔보다** to look down on
**내버리다** to throw away
**뛰다** to rise to, to jump
**말** horse
**명백하다** to be obvious
**물가** prices
**보잘것없다** to be worthless
**분수** one's place
**성공하다** to succeed
**세다** to be strong
**아깝다** to begrudge
**얽매이다** to be restrained
**유명하다** to be famous
**의심할 여지가 없다** there is no question about
**자존심** pride
**잘난 척하다** to boast
**조상** ancestor
**출세가도** successful career
**태도** attitude
**통제받다** to be controlled
**학력** educational background

## 연습문제를 풀어 보세요

STEP 1 영어로 된 아래의 설명에 해당하는 한국어 관용어를 적어 보세요.

01 to not know one's place / to be headed toward advancement (in one's career) / to jump up madly (as in prices)

02 to be snobbish, to be haughty

03 to be highly educated

04 someone who is undisciplined or uncontrolled

05 to cast somebody or something aside

06 to lord it over someone, to act as if superior

07 to be as plain as day, to be obvious

08 beauty is in the eye of the beholder

09 to empty one's purse to the last penny / to commit robbery

10 a prestigious and distinguished family

STEP 2 아래 예문에 알맞은 관용어를 채워 대화를 완성해 보세요.

01 가 부모님들은 성공하려면 공부를 열심히 해야 한다고 늘 말씀하시지만 꼭 공부를 많이 해야만 성공하는 건 아닌 거 같아요.
나 그렇죠. 빌 게이츠나 스티브 잡스도 ______________ 편은 아니니까요.

02 가 수능시험이 끝나서 그런지 강남에 가면 놀러 나온 고등학생들이 많더라고요.
나 아, 옛날 생각나네요. 저도 대학 입학시험이 끝나고 나서 ______________처럼 친구들과 여기저기 놀러 다녔거든요.

03 가 성공한 다음에 자기를 뒷바라지한 배우자랑 헤어지는 할리우드 스타들이 의외로 많더라고요.
나 그러게요. 같이 고생한 배우자를 ______________고 새로운 사람을 만나면 행복할까요? 정말 이해할 수가 없어요.

04 가 수진 씨는 인기가 많아서 대학 졸업하면 금방 결혼할 것 같아요.
나 하지만 수진이는 자기가 인기 있는 걸 알아서 ______________. 게다가 자존심도 세니까 결혼하기 쉽지 않을 것 같아요.

05 가 이번 선거에서 어느 당이 이길까요?
나 아마 야당이 이기지 않을까요? 요즘 여당이 잘못한 일이 너무 많아서 선거 결과는 ______________. 사람들이 다 그렇게 말하더라고요.

06 가 이번에 회장이 된 학생이 유명한 집 아들이라면서요?
나 네. 할아버지께서 예전에 장관이셨고 아버지는 대학교수라고 하던데요. ______________ 아들이라고 옛날부터 유명했어요.

07 가 저는 그 배우가 왜 그렇게 유명한지 잘 모르겠어요. 별로 잘생기지도 않았고 연기도 별로던데…….
나 다 ______________이죠. 그런 스타일을 요즘 10대들이 좋아하나 봐요.

08 가 저 이번 방학에 스페인으로 여행가요.
나 우와, 너무 부러워요. 스페인 여행 가려면 돈이 많이 들지 않아요?
가 대학 졸업여행이라서 ______________어서 가는 거예요. 여행 다녀오면 돈이 없어서 한동안 아무 데도 못 갈 것 같아요.

09 가 요즘 월세가 너무 올라서 이사 갈 곳을 찾기가 쉽지 않아요.
나 그렇죠? 왜 이렇게 월세가 ______________ 오르는지 모르겠어요. 살기가 너무 힘들어요.

10 가 제 친구가 변호사 시험에 합격한 후에 좀 달라졌어요.
나 그래요? 보통 변호사가 되면 ______________ 사람들이 많기는 해요. 하지만 그렇게 잘난 척하면 사람들이 싫어하잖아요.

**어휘와 표현**

결과 result
결혼하다 to marry
고생하다 to suffer
달라지다 to be changed
당 party
돈이 들다 to cost money
뒷바라지하다 to support
배우 actor/actress
배우자 spouse
변호사 lawyer
선거 election
수능시험 the College Scholastic Abillity Test
야당 the opposition party
여당 the ruling party
연기 acting
예전에 a long time ago
월세 monthly rent
의외로 unexpectedly
이사가다 to move out
인기가 많다 to be popular
입학시험 entrance exam
장관 minister
졸업여행 graduation trip
한동안 for a while
행복하다 to be happy
헤어지다 to break up
회장 chairman

## 친구와 함께 해요

친한 친구나 가족을 인터뷰하고 아래 표를 완성해 보세요.

| 질문 | 친구 이름: | 친구 이름: |
|---|---|---|
| ______씨 집안에서 가장 가방끈이 긴 사람은 누구예요? | | |
| ______씨는 결혼할 사람이 뼈대 있는 집안이었으면 좋겠어요? 아니면 상관없어요? | | |
| ______씨는 식당에서 고삐 풀린 망아지처럼 뛰어 노는 아이들을 보면 어떻게 생각해요? | | |

이 과에서 배운 관용어를 사용해서 아래 그림의 상황을 짧게 설명해 보세요.

예 아버지가 그림 뒤에 숨겨 놓은(hidden) 비상금(emergency money)을 어머니가 찾으실 게 불 보듯 훤해요. 아버지가 아무리 돈을 숨겨도 어머니는 다 찾으시더라고요.

# Unit 15 날개 돋친 듯이 팔리더라고요

*selling really fast*

## 읽어봅시다

민지 스티브 씨, 안녕하세요? 여행 잘 갔다 왔어요?

스티브 네, 민지 씨가 지난번에 가르쳐 준 웹사이트에 외국인 관광객들의 [1]가려운 데를 긁어 주는 정보가 아주 많더라고요.

민지 그래요? 정말 다행이네요!

스티브 그 웹사이트에는 외국인들이 [2]수박 겉핥기 식으로 관광하면 알 수 없는 정보들이 많아서 아주 좋았어요. 보통 가이드책에 있는 정보들은 [3]판에 박은 듯이 똑같거든요.

민지 그렇죠? 그 유명한 김밥집도 갔어요?

Minji Hello, Steve. How was your trip?

Steve Yes, it was good! there was [1]a lot of useful information for foreign tourists on the website you told me.

Minji Oh really? That's a relief!

Steve It provided valuable information that foreigners cannot gain through [2]superficial sight seeing. Usually all tourist guide books have [3]exactly the same content.

Minji I know, right? Did you go to the famous *gimbap* restaurant?

스티브 네, 정말 맛있어서 [4]걸신이 들린 듯이 먹었어요. 계속 손님들이 와서 김밥이 [5]날개 돋친 듯이 팔리더라고요.

민지 진짜 신기하죠? 서울에서는 찾아보기 힘든 맛이에요.

스티브 1인분을 다 먹었는데 [6]간에 기별도 안 가서 결국 3인분이나 먹었어요.

민지 그 집 김밥은 [7]구미를 돋우는 데 정말 그만이에요. 그리고 가격도 서울보다 싸서 [8]주머니가 가벼운 사람들도 많이 먹을 수 있어서 좋아요.

스티브 다음번에는 민지 씨도 같이 가요.

민지 사실 요즘 저한테 여행은 [9]그림의 떡이에요. 취직시험 준비 때문에 도서관에서 공부만 하거든요. 그렇다고 취직을 안 할 수도 없고……. 정말 [10]독 안에 든 쥐 같아요.

Steve Yes, I [4]devoured it because it was so good. There were so many customers that all the *gimbap* was selling [5]really fast.

Minji Wasn't it amazing? A taste you cannot find in Seoul.

Steve I ate one serving but it [6]didn't satisfy me, so I ate two more servings.

Minji Yes, the *gimbap* at that restaurant really [7]whets my appetite. Also, the price is cheaper than in Seoul, so people [8]without much money can still eat a lot.

Steve Let's go together next time.

Minji These days, a vacation to me is like [9]a pie in the sky. I'm always in the library studying for employment exams. Not that I have a choice. I can't not work. I feel [10]trapped in the library these days.

## 워밍업퀴즈 아래 관용어들을 직역(Literal meaning) 하면 무슨 뜻인지 찾아 연결하세요.

| | | | |
|---|---|---|---|
| ㄱ | 가려운 데를 긁어 주다 | A | a rat in a jar |
| ㄴ | 간에 기별도 안 가다 | B | as if made with the same mold |
| ㄷ | 걸신이 들리다 | C | as if wings were sprouting out |
| ㄹ | 구미를 돋우다 | D | to be possessed by a hungry ghost |
| ㅁ | 그림의 떡 | E | a rice cake in a picture (painting) |
| ㅂ | 날개 돋친 듯이 | F | pockets are light |
| ㅅ | 독 안에 든 쥐 | G | to not deliver any notice to the liver |
| ㅇ | 수박 겉핥기 | H | to scratch an itchy spot |
| ㅈ | 주머니가 가볍다 | I | licking the outside of a watermelon |
| ㅊ | 판에 박은 듯하다 | J | to raise one's appetite |

### 어휘와 표현

**1인분** a single serving (food)
**가격** price
**가이드책** guide book
**관광객** tourist
**관광을 하다** to go sightseeing
**그만이다** to be excellent
**김밥집** *gimbap* restaurant
**다행이다** that's fortunate
**똑같다** to be the same
**맛** taste
**외국인** foreigner
**웹사이트** website
**손님** customer
**정보** information
**팔리다** to be sold

## 핵심표현 익히기 뜻을 영어와 한국어로 확인하고, 여러분의 생각과 비교해 보세요.

### 가려운 데를 긁어 주다
to thoroughly satisfy someone's needs, to leave nothing to be desired
남에게 꼭 필요한 것을 잘 알아서 그 욕구를 시원하게 만족하게 해주다.

### 간에 기별도 안 가다
to barely begin to satisfy one's appetite, too little food to become full
먹은 것이 너무 적어 먹으나 마나 하다.

### 걸신이 들리다
to have a wolf in one's belly, to devour
음식에 욕심을 내서 빨리 많이 먹는 모양을 나타내는 말.

### 구미를 돋우다
to whet one's appetite, to appeal to one's desires
관심을 가지게 하여 사고 싶거나 갖고 싶게 하다.

### 그림의 떡
a pie in the sky, unattainable object
아무리 마음에 들어도 쓸 수 없거나 가질 수 없는 경우를 이르는 말.

### 날개 돋친 듯이
(to be selling) like hot cakes
상품이 인기가 많아 빨리 팔려 나가는 경우를 비유적으로 나타내는 말.

### 독 안에 든 쥐
a rat in a trap, someone who is cornered
어려움이나 곤란한 상황에서 벗어날 수 없는 처지를 비유적으로 이르는 말.

### 수박 겉핥기
doing something in a superficial or incomplete way
(수박을 먹는다면서 딱딱한 겉만 핥고 있다는 뜻으로) 사물의 중요한 속 내용은 모르고 겉만 알거나 대충 경험해 보는 것을 비유적으로 이르는 말.

### 주머니가 가볍다
to have a light purse, to not have much money
가지고 있는 돈이 적다.

### 판에 박은 듯하다
to be exactly the same
사물의 모양이 같거나, 똑같은 일이 되풀이되다.

### 어휘와 표현

- **겉** exterior
- **곤란하다** to be troublesome
- **관심을 가지다** to have interest
- **내용** content
- **대충** roughly
- **되풀이되다** to be repeated
- **딱딱하다** to be hard
- **만족하다** to be satisfied
- **먹으나 마나 하다** too little to be filling (food)
- **모양** shape
- **사물** object
- **상품** merchandise
- **수박** watermelon
- **욕구** desire
- **욕심을 내다** to be greedy
- **인기가 많다** to be popular
- **처지** one´s situation
- **핥다** to lick

## 연습문제를 풀어 보세요

STEP 1 영어로 된 아래의 설명에 해당하는 한국어 관용어를 적어 보세요.

01 to have a light purse, to not have much money

02 doing something in a superficial or incomplete way

03 to be exactly the same

04 (to be selling) like hot cakes

05 a rat in a trap, someone who is cornered

06 to barely begin to satisfy one's appetite, too little amount of food to become full

07 to have a wolf in one's belly, to devour

08 to whet one's appetite, to appeal to one's desires

09 a pie in the sky, unattainable object

10 to thoroughly satisfy someone's needs, to leave nothing to be desired

STEP 2 아래 예문에 알맞은 관용어를 채워 대화를 완성해 보세요.

01 가 어쩌면 아드님이 아버님을 그렇게 똑같이 닮았어요?
나 네, 많이 닮았지요? 그래서 밖에 나가면 사람들이 아이가 아빠를
________________다고들 해요.

02 가 저도 이번 프로젝트에 불만이 있었는데 아까 회의에서 김 대리가 그 이야기를 하더라고요.
나 그랬어요? 김 대리가 ________________네요. 속이 좀 시원해지셨겠어요.

03 가 이번 방학에 동아리 친구들하고 유럽여행을 가는데 같이 안 가실래요?
나 유럽여행은 ________________이에요. 지난번 스페인 여행 갈 때 돈을 다 써서 당분간 여행은 꿈도 못 꿔요.

04 가 K-pop 그룹 엑소가 새로운 앨범을 냈대요.
나 그 앨범에 멤버 사진들이 들어 있어서 ________________ 팔린다고 하더라고요. 그래서 앨범을 구하기가 어렵대요.

05 가 요즘 시험 때문에 입맛도 없고 정말 힘들어요.
나 학교 앞에 새로 문을 연 김밥집에 갈까요? 김밥을 바로 앞에서 싸주니까 ________________주는 것 같아요. 아마 없던 입맛도 생길 거예요.

06 가 얼마 전에 시애틀에 눈이 너무 많이 와서 일주일 동안 학교도 쉬고 사람들은 회사도 못 갔대요.
나 네, 시카고에도 눈이 많이 올 때는 일주일 이주일씩 집에 갇혀서
________________처럼 생활해야 할 때가 있어요.

07 가 진우 씨는 정말 많이 드시네요. 갈비를 2인분이나 먹었는데 또 냉면을 드실 수 있어요?
나 갈비 2인분 정도는 ________________. 배부르려면 아직도 멀었어요.

08 가 오늘 우리 부서 회식이죠? 이제 고기 먹으러 갑시다.
나 어제도 그렇게 ________________ 것처럼 먹더니 오늘 또 먹으러 가요? 꼭 며칠 굶은 사람 같아요.

09 가 올해 우리 팀 연말 모임은 어디서 할까요?
나 올해는 보너스도 많이 못 받아서 주머니 사정도 별로 안 좋은데 회사 앞 포장마차는 어때요?
가 그럴까요? 우리처럼 ________________ 샐러리맨들한테는 포장마차가 제격이지요.

10 가 유럽여행 다녀왔어요? 어땠어요?
나 이번엔 시간이 별로 없어서 대충 ________________ 식으로 박물관만 구경하고 왔어요. 다음번에는 시간을 가지고 좀 더 여유롭게 구경하고 싶어요.

**어휘와 표현**

**2인분** two servings (of food)
**갇히다** to be stuck
**구하다** to obtain
**굶다** to starve
**닮다** to resemble
**당분간** for a while
**대리** deputy section chief
**동아리** amateur club
**모임** gathering
**배부르다** to be full
**보너스** bonus
**부서** department
**불만** dissatisfaction
**샐러리맨** office worker (white-collar worker)
**생활하다** to live
**속이 시원하다** to be relieved
**아드님** other person's son (*honorific*)
**어쩌면** how (exclamatory)
**여유롭게** freely
**연말** end of the year
**입맛이 없다** to not have an appetite
**제격이다** just right, the perfect fit
**주머니 사정** financial situation
**포장마차** tented food truck or stall
**회식** company gathering

## 친구와 함께 해요

◎ 친한 친구나 가족을 인터뷰하고 아래 표를 완성해 보세요.

| 질문 | 친구 이름: | 친구 이름: |
|---|---|---|
| 요즘 ________씨의 구미를 돋우는 상품이 있어요? 어떤 점이 좋은가요? | | |
| 만약 일주일 동안 유럽여행을 가서 시간이 없다면 수박 겉핥기로 관광지만 둘러 볼까요, 아니면 한 도시에서 일주일을 보낼까요? | | |
| ________씨는 부모님 중 어느 분을 판에 박은 듯이 닮았어요? 어렸을 때와 지금을 비교해서 말해 주세요. | | |

◎ 이 과에서 배운 관용어를 사용해서 아래 그림의 상황을 짧게 설명해 보세요.

예 한국에서 남자가 육아 휴직(parental leave)을 하는 건 아직은 그림의 떡이에요. 아이 때문에 휴직한다고 하면 회사에서 그만 나오라고 할지도 몰라요.

# 살얼음을 밟는 것 같아요

*like walking on thin ice*

## 읽어봅시다

민지 수지 아버님이 수지와 민수 씨의 결혼을 반대하셨대요.

스티브 왜요? 그렇지 않아도 수지 씨를 어제 도서관에서 만났는데 [1-1]기가 많이 죽어 있더라고요.

민지 수지 아버님은 수지가 [2]눈이 삐었다고 생각하세요. 민수 씨가 아직 대학원생인 데다가 가진 거라곤 [3]개뿔도 없지 않냐고 하시면서 반대하셨대요.

스티브 그런 이유로 반대하시면 저라도 정말 [1-2]기를 못 펼 것 같아요. 저도 아직 학생이라 그런 소리를 들으니까 가슴에 [4]못이 박히는 것 같네요.

민지 게다가 민수 씨는 이미 수지 아버지 [5]눈 밖에 난 적이 있어요. 수지가 아버지 몰래 민수 씨 부모님을 뵈러 가면서 친구들하고 같이 여행 간다고 거짓말한 적이 있거든요.

**Minji** Suzy's father won't give her his permission to marry Minsu.

**Steve** Why? Now that you mention it, I met her at the library yesterday, and she did [1-1]look very depressed.

**Minji** Suzy's father thinks that Suzy [2]isn't seeing straight. He opposed their marriage because Minsu is still a graduate student and [3]has nothing to his name.

**Steve** If that was his reasoning, I'd be [1-2]moping too. I'm a student, too, so to hear something like that feels like a [4]stab in the heart.

**Minji** Also, Minsu had already [5]gotten on Suzy's father's bad side before. She once lied to her father that she was going on a trip with her friends when she was actually going to meet Minsu's parents.

| | |
|---|---|
| 스티브 아이고, 수지 씨가 아버님께 아주 제대로 [6]코가 꿰였군요. 그럼 결혼을 허락받을 때까지 두 사람 모두 [7]살얼음을 밟는 것 같겠네요. | Steve Uh-oh, then Suzy has definitely [6]lost points with her dad. Then Suzy and Minsu will probably be [7]walking on thin ice until they get the okay to get married. |
| 민지 그렇겠죠. 두 사람이 헤어지지는 않을 것 같고, 민수 씨가 얼른 졸업하고 [8]뼈 빠지게 일해서 성공해야 결혼할 수 있을 것 같아요. | Minji Probably. I don't think they will break up, but in order for them to be able to marry, Minsu will have to graduate quickly and work [8]really hard. |
| 스티브 그렇군요……. 사실 제가 아는 커플도 결혼을 못하게 됐어요. | Steve I see. I actually know a couple who also were not given permission marry. |
| 민지 왜요? | Minji Why? |
| 스티브 신랑 쪽 부모님이 [9]낯이 좀 두꺼우신 분들 같아요. 신부 몰래 이것저것 신부 집안의 [10]뒤를 캐셨대요. 그걸 신부집에서 알아서 결혼을 안 하기로 했나 봐요. | Steve The groom's parents [9]had no shame. They kept [10]prying around for information about the bride's family. The bride's family found out and refused to allow the marriage. |
| 민지 어머나, 진짜 이상한 분들이네요. 요즘도 그런 분들이 있다니 놀랍네요. | Minji Oh my. The guy's parents are so strange. It's unbelievable that there are still such kinds of people. |

## 워밍업퀴즈 아래 관용어들을 직역(Literal meaning) 하면 무슨 뜻인지 찾아 연결하세요.

| | | | |
|---|---|---|---|
| ㄱ | 개뿔도 없다 | A | face is thick |
| ㄴ | 기가 죽다 (동: 기를 못 펴다) | B | one's spirit is dead (syn.: to be unable to spread out one's spirit ) |
| ㄷ | 낯이 두껍다 | C | so much that bones fall out |
| ㄹ | 눈 밖에 나다 | D | to step on thin ice |
| ㅁ | 눈이 삐다 | E | to dig into someone's back |
| ㅂ | 뒤를 캐다 | F | there isn't even a dog's horn |
| ㅅ | 못이 박히다 | G | eyes are out of joint |
| ㅇ | 뼈 빠지게 | H | one's nose is pierced |
| ㅈ | 살얼음을 밟다 | I | to be studded with nails |
| ㅊ | 코가 꿰이다 | J | to go outside of someone's vision |

## 어휘와 표현

~인데다가 not only... but also...
가진 거라곤 the only thing that someone has
게다가 besides
결혼 marriage
그렇지 않아도 now that you mention it
놀랍다 to be surprising
대학원생 graduate students
몰래 secretly
반대하다 to oppose
신랑 bridegroom
신부 bride
얼른 promptly
여행 travel
이상하다 to be strange
이유 reason
제대로 properly
졸업하다 to graduate
허락 permission

## 핵심표현 익히기 뜻을 영어와 한국어로 확인하고, 여러분의 생각과 비교해 보세요.

**개뿔도 없다 (비)**
to not have anything at all (slang)
돈이나 명예, 능력 등을 전혀 갖고 있지 않다.

**기가 죽다 (동: 기를 못 펴다)**
to feel discouraged, to be depressed (syn.: to be inhibited, to be ill at ease)
자신감이 없다. (동: 어려운 상황에 있어서 자유롭지 못하다.)

**낯이 두껍다**
to be brazen, to be shameless
부끄러움을 모르고 뻔뻔하게 행동하는 것을 이르는 말.

**눈 밖에 나다**
to lose favor with someone
신임을 잃고 미움을 받게 되다.

**눈이 삐다**
to be unable to see something rightly
뻔한 것을 잘못 보고 있을 때 비난조로 이르는 말.

**뒤를 캐다**
to secretly pry into other people's private affairs
드러나지 않은 속이나 행동을 알아내려고 비밀스럽게 뒷조사를 하다.

**못이 박히다**
① to be told so many times ② to feel deeply hurt
① 같은 이야기를 여러 번 듣다. ② 원통한 생각이 마음속 깊이 맺히다.

**뼈 빠지게**
in a laborious, backbreaking way
오랫동안 육체적 고통을 견디어 내면서 힘든 일을 해 나가는 것을 비유적으로 이르는 말.

**살얼음을 밟다**
to try something very risky, to walk on thin ice
위태위태하여 마음이 몹시 불안하다.

**코가 꿰이다**
to be helpless because one's weakness has been found out
약점이 잡히다.

### 어휘와 표현

**견디다** to bear
**고통** pain
**능력** ability
**뒷조사** background check
**드러나다** to come to the surface
**맺히다** to be formed
**명예** honor
**미움을 받다** to be hated
**부끄러움** shyness
**비난조로** in a criticizing manner
**뻔뻔하게** imprudently
**뻔하다** to be obvious
**상황** situation
**신임을 잃다** to lose someone´s trust
**약점** weakness
**원통하다** to be resentful
**위태위태하다** to be unstable
**육체적** physical
**자신감** confidence

## 연습문제를 풀어 보세요

**STEP 1** 영어로 된 아래의 설명에 해당하는 한국어 관용어를 적어 보세요.

01 to be helpless because one's weakness has been found out

02 in a laborious, backbreaking way

03 to secretly pry into other people's private affairs

04 to lose favor with someone

05 to feel discouraged, to be depressed

06 to try something very risky, to walk on thin ice

07 to be told so many times / to feel deeply hurt

08 to be brazen, to be shameless

09 to not have anything at all

10 to be unable to see something rightly

STEP 2 아래 예문에 알맞은 관용어를 채워 대화를 완성해 보세요.

01 가 대학 수능시험 끝나고 집에 와서 채점할 때 기분이 어땠어요?
나 생각보다 시험이 어려워서 ________________는 기분이었어요. 마음이 너무 불안하더라고요.

02 가 저 가수 정말 예쁘지 않니?
나 저 가수가 예쁘다고? 내 눈에는 성형을 너무 많이 해서 이상해 보이는데. 너 혹시 ________________ 거 아니니? 어떻게 저런 얼굴을 예쁘다고 할 수 있어?

03 가 그렇게 매일 술 마시고 집에 들어가면 아내가 싫어하지 않아요?
나 괜찮아요. 뭐, 한국에서 회사생활 하려면 어쩔 수 없어요.
가 진짜 한국 남자들은 ________________ 것 같아요. 매일 잔뜩 술에 취해서 집에 늦게 들어가면서 아내에게 미안해하지도 않고…….

04 가 지금 뉴스에 나오는 사람은 원래 정말 돈 많은 사람 아니었니?
나 나도 그런 줄 알았는데 얼마 전에 사업하다가 쫄딱 망해서 ________________대. 그래서 지금은 집도 차도 없다던데.

05 가 다음 주 동창회 연말 모임에 가기로 했어요?
나 친구 부탁으로 사회를 맡기로 해서 가야 해요. 그 친구한테 신세 진 일이 있거든요
가 아이고, ________________여서 안 갈 수가 없군요.

06 가 식당에서 저렇게 시끄럽게 뛰어다니는 아이들을 왜 혼내지 않아요?
나 이런 일로 혼내면 아이가 ________________어서 자신감이 없어질까봐 안 혼낸다고 하더라고요. 그래서 요즘 아이들은 공중예절을 너무 모르는 것 같아요.

07 가 저는 이제 교수님 ________________.
나 왜요? 무슨 일 있었어요?
가 수업시간에 친구와 채팅하다가 걸렸는데 교수님이 화가 많이 나셨어요. 아무래도 그 수업에서 점수를 잘 받기 어려울 것 같아요.

08 가 민수 씨는 어렸을 때부터 공부를 잘했어요?
나 아니에요. 어렸을 때는 친구들과 싸움도 많이 하고 학교에 안 가기도 해서 부모님이 학교에 많이 불려 오셨어요.
가 그랬어요? 부모님께서 힘드셨겠어요.
나 아마 부모님 가슴에 ________________을 거예요. 지금 생각하면 너무 죄송해요.

09 가 요즘 하루에 아르바이트 몇 시간 해요?
나 하루에 8시간이나 일해요. 이렇게 열심히 일해도 도저히 등록금을 낼 수가 없어요.
가 그렇죠. 등록금이 너무 비싸져서 그렇게 ________________ 일해도 혼자서 등록금을 다 내기는 어려울 거예요.

10 가 이번 테러 사건의 배후에 누가 있는지 아직 모른대요.
나 정말이요? 불안해서 죽겠는데 빨리 테러리스트들의 ________________서 누가 시킨 건지 알았으면 좋겠어요.

**어휘와 표현**

- **걸리다** to be caught
- **공중예절** public etiquette
- **도저히** at all
- **동창회** school reunion
- **배후** behind (as in responsible for)
- **불려오다** to be called
- **사업을 하다** to run a business
- **사회를 맡다** to preside over
- **성형을 하다** to have plastic surgery
- **수능시험** the College Scholastic Abillity Test
- **술에 취하다** to be drunk
- **시키다** to order (someone to do something)
- **신세를 지다** be indebted to
- **싸움을 하다** to fight
- **잔뜩** a lot
- **쫄딱 망하다** to fail completely
- **채점하다** to grade
- **채팅하다** to chat on the Internet

## 친구와 함께 해요

◎ 친한 친구나 가족을 인터뷰하고 아래 표를 완성해 보세요.

| 질문 | 친구 이름: | 친구 이름: |
|---|---|---|
| 보통 선생님의 눈 밖에 나는 친구들은 어떤 이유에서 그럴까요? | | |
| ________씨는 지금까지 살면서 가장 뼈 빠지게 했다고 생각하는 일이 뭐예요? | | |
| ________씨 친구 중에 눈이 삐었다고 생각되는 사람이 있나요? 왜 그렇게 생각해요? | | |

◎ 이 과에서 배운 관용어를 사용해서 아래 그림의 상황을 짧게 설명해 보세요.

예 오늘 저녁에 회식에 못 가서 직장 상사들(bosses, higher-ups)의 눈 밖에 날 것 같아요. 그렇지만 선약(prior appointment)이 있어서 어쩔 수 없어요.

# 구설에 올랐어요

*to be on everyone's lips*

## 읽어봅시다

민지 배우 중에는 영화를 찍다가 [1]눈이 맞아서 결혼하는 경우가 많은가 봐요.

스티브 그렇게 해서 결혼하기도 하지만 그냥 [2]구설에 올랐다가 헤어지는 경우도 많이 봤어요.

민지 그렇죠? 그렇게 오랫동안 같이 영화를 찍으면 정이 들 것 같긴 해요.

스티브 그러면 또 기자들이 금방 [3]냄새를 맡고 기사를 내잖아요. 기자들도 참 대단해요.

민지 기자들이야 [4]눈에 불을 켜고 그런 이슈만 찾으니까요.

Minji It seems common for actors to [1]fall in love on set and get married.

Steve Sometimes they do get married, but others break up after [2]being talked about for a while.

Minji I guess so. I think when you're filming together for an extended period of time, it's easy to grow feelings for each other.

Steve Right, and reporters are quick to [3]sniff it out and write up a story. They're very good at it.

Minji That's because reporters are [4]intensely focused on that kind of thing.

스티브 뭐, 그게 기자들 일이긴 해요. 낌새를 눈치채고 인터뷰하거나 뭔가 [5]뒤가 구릴 것 같은 사람들 뒤를 캐기도 하고요.

민지 누가 제 뒤를 캔다고 생각하면 정말 [6]등골이 오싹해요. 연예인은 정말 아무나 하는 게 아니에요.

스티브 그래서 연예인들은 구설에 오르지 않으려고 데이트할 때면 [7]머리를 써서 사람들의 눈을 피해 다니잖아요.

민지 자꾸 남의 뒤를 캐려고 하는 사람들은 진짜 [8]밥맛 떨어져요. 연예인도 사생활이 있는데…….

스티브 이렇게 남의 사생활에 대한 정보가 [9]홍수를 이루니 개인 정보가 보호받지 못하는 문제도 생기는 것 같아요.

민지 맞아요. 기자들에게만 [10]화살을 돌릴 일은 아니에요. SNS 같은 데 아무 생각 없이 남의 사생활을 막 폭로하는 사람들도 많잖아요.

Steve Well, that is their job. They sense things and interview you or pry information out of you if you seem like you're [5]hiding something.

Minji If I knew someone was digging up things about me, I would [6]be horrified. Not everyone is cut out to be a celebrity.

Steve That's why celebrities who are dating [7]set their wits to work to make sure their relationship doesn't become the talk of the town.

Minji Those people who keep trying to pry into other's lives [8]are really the worst. Celebrities are entitled to their privacy too.

Steve When there's so much information [9]pouring out about people's private lives, it's possible that personal information won't be properly protected.

Minji That´s right. Though it's not only reporters who should [10]be blamed. There are many people who post things on social media without considering other people's privacy.

## 워밍업퀴즈 아래 관용어들을 직역(Literal meaning)하면 무슨 뜻인지 찾아 연결하세요.

| | | | |
|---|---|---|---|
| ㄱ | 구설에 오르다 | A | to use one's head |
| ㄴ | 냄새를 맡다 | B | eyes meet |
| ㄷ | 눈에 불을 켜다 | C | to form a flood |
| ㄹ | 눈이 맞다 | D | to get chills in one's spine |
| ㅁ | 뒤가 구리다 | E | to be on people's lips |
| ㅂ | 등골이 오싹하다 | F | back is smelly |
| ㅅ | 머리를 쓰다 | G | to point the arrow in a different direction |
| ㅇ | 밥맛이 떨어지다 | H | to lose appetite |
| ㅈ | 홍수를 이루다 | I | to smell |
| ㅊ | 화살을 돌리다 | J | to turn on lights in one's eyes |

## 어휘와 표현

개인 정보 personal information
경우 case
기사를 내다 to publish an article
기자 reporter
눈을 피해 다니다 to roam out of the view of others
대단하다 to be amazing
문제가 생기다 a problem arises
배우 actor/actress
보호받다 to be protected
사생활 private life
아무 생각 없이 with no thought to/for
아무나 anyone
연예인 celebrity
영화를 찍다 to film a movie
이슈만 찾다 to look only for (a certain) issue
정이 들다 to become very close to
폭로하다 to expose

## 핵심표현 익히기 뜻을 영어와 한국어로 확인하고, 여러분의 생각과 비교해 보세요.

구설에 오르다
to be the subject of gossip (usually for something bad)
남들 입에 좋지 않게 오르내리다.

냄새를 맡다
to get wind of, to sniff out
어떤 일에 있어서 낌새를 눈치채다.

눈에 불을 켜다
to do something with intense focus
몹시 욕심을 내거나 관심을 기울이다.

눈이 맞다
to fall for each other
두 사람의 마음이나 눈치가 서로 통하다.

뒤가 구리다
to have a hidden weak point or flaw
숨겨 둔 약점이나 잘못이 있다.

등골이 오싹하다
to get chills down one's spine in shock or horror
등골에 소름이 끼칠 정도로 매우 놀라거나 두렵다.

머리를 쓰다
to use one's brains, to set one's wits to work
머리를 써서 해결할 방안을 생각해 내다.

밥맛 떨어지다
to dislike another's words or behavior
상대방의 말이나 행동이 불쾌하고 마음에 들지 않다.

홍수를 이루다
to flood, to snowball
한꺼번에 쏟아져 나와 넘쳐흐를 정도가 되다.

화살을 돌리다
to assign blame to (a different target)
비난이나 공격 등을 다른 쪽으로 돌리다.

### 어휘와 표현

**공격** attack
**관심을 기울이다** to have interest
**낌새** vibe
**남의 입에 오르내리다** to be the subject of a gossip
**넘쳐흐르다** to overflow
**눈치** wits
**눈치채다** to detect
**돌리다** to change the direction or course of
**두렵다** to be afraid
**등골** spine
**방안** way, plan
**불쾌하다** to be unpleasant
**비난** criticism
**상대방** another party
**소름이 끼치다** to get goose bumps
**숨겨 두다** to hide
**쏟아져 나오다** to pour out
**정도** degree, extent
**통하다** to connect, to have a common (mutual) feeling
**한꺼번에** at once
**해결하다** to resolve

## 연습문제를 풀어 보세요

STEP 1 영어로 된 아래의 설명에 해당하는 한국어 관용어를 적어 보세요.

01 to flood, to snowball

02 to be the subject of gossip (usually for something bad)

03 to get wind of, to sniff out

04 to assign blame to (a different target)

05 to do something with intense focus

06 to get chills down one's spine in shock or horror

07 to fall for each other

08 to use one's brains, to set one's wits to work

09 to have a hidden weak point or flaw

10 to dislike another's words or behavior

## STEP 2 아래 예문에 알맞은 관용어를 채워 대화를 완성해 보세요.

01 가 오늘 무슨 날인데 이렇게 차들이 많죠? 길이 정말 많이 막히는데요.
나 내일부터 연휴라서 오늘 떠나는 차들이 많은가 봐요. 도로에 차들이 그야말로 ________________네요.

02 가 아내분과 처음에 어떻게 만나셨어요?
나 대학 동아리에서 처음 만났는데 만나자마자 서로 ________________. 그래서 1학년 때부터 사귀었어요.

03 가 저 사람은 누구예요? 처음 보는 사람인데요.
나 저 사람은 예전에 가수였는데 음주운전으로 경찰에 걸려서 ________________ 다음 한동안 텔레비전에 안 나왔었어요. 아마 이제 다시 나오나 보네요.

04 가 이번 프로젝트의 실패는 민수 씨 때문이에요.
나 실패의 원인은 우리 모두에게 있으니까 다른 사람에게 ________________지 말고 어떻게 이 문제를 해결하면 좋을지 다 같이 한번 생각해 봅시다.

05 가 공포영화를 좋아하세요?
나 아니요. 저는 무서운 장면이 나오면 ________________서 못 보겠어요. 혼자 있을 때도 자꾸 그 장면이 생각나서 무서워요.

06 가 우리 회사 동료 중에 일은 하나도 안 하면서 상사 앞에서만 열심히 하는 척하는 사람이 있어요.
나 그런 사람은 정말 ________________. 그런데 그런 사람들이 승진을 잘 하더라고요. 상사들은 그걸 모르나 봐요.
가 그러게 말이에요. 정말 그런 사람들하고는 같이 일하고 싶지가 않아요.

07 가 민수 씨는 요즘 어떻게 지내요?
나 다음 달에 졸업하니까 ________________고 직장을 알아보고 있어요. 한 200군데에 지원했나 봐요.
가 민수 씨는 뭐든지 열심히 하니까 꼭 취직할 수 있을 거예요.

08 가 주택시장 경기가 좋은데 건설업 주가가 내려갔어요. 정말 이상하죠?
나 아마 투자자들이 먼저 불황의 ________________고 건설업체 주식을 이미 다 팔았을 거예요.
가 그래요? 불황이 올 걸 미리 아는 것도 대단하네요.

09 가 한국 축구팀은 기술과 체력이 좋은 편이지요?
나 네. 그렇지만 슈틸리케 감독은 기술과 체력보다 ________________게 더 중요하다고 했어요. 축구에서도 공을 얼마만큼 지배하느냐가 중요한 것 같아요.

10 가 어떤 스타일의 사람을 좋아해요?
나 저는 눈빛이 맑은 사람이 좋아요. 눈이 탁한 사람은 왠지 ________________ 것 같아요. 뭔가 숨기는 게 있을 것 같기도 하고요.

### 어휘와 표현

- 건설업 construction industry
- 건설업체 construction company
- 경기가 좋다 economy is strong
- 공포영화 horror movie
- 그야말로 indeed
- 기술 skill
- 냄새를 맡다 to catch wind of
- 눈빛이 맑다 to have shining eyes (suggestive of innocence)
- 눈이 탁하다 eyes are blurry
- 도로 road
- 동료 colleague
- 동아리 amateur club
- 떠나다 to leave
- 불황 recession
- 상사 boss
- 숨기다 to hide
- 승진 promotion
- 실패 failure
- 알아보다 to look into
- 연휴 holiday
- 원인 cause
- 음주운전 drunk driving
- 장면 scene
- 주가 stock price
- 주식 stock
- 주택시장 housing market
- 지배하다 to rule over, to control
- 지원하다 to apply for
- 직장 workplace
- 체력 stamina
- 투자자 investor

## 친구와 함께 해요

- 친한 친구나 가족을 인터뷰하고 아래 표를 완성해 보세요.

| 질문 | 친구 이름: | 친구 이름: |
|---|---|---|
| 요즘 인터넷이나 신문에서 구설에 오른 사람은 누구예요? | | |
| _______씨는 첫 만남에서 눈이 맞은 적이 있어요? | | |
| 등골이 오싹해지는 공포영화를 하나만 추천해 주세요. | | |

- 이 과에서 배운 관용어를 사용해서 아래 그림의 상황을 짧게 설명해 보세요.

예 더운 여름에는 역시 등골이 오싹해지는 공포영화가 최고예요. 더위(the heat)도 잊고 즐길 수 있잖아요.

# 고개가 수그러져요

*can only bow my head in respect*

## 읽어봅시다

스티브 민지 씨, 오늘이 현충일이라던데, 현충일은 무슨 날이에요?

민지 미국의 메모리얼 데이 같은 날이죠. 나라를 위해 목숨을 바친 분들을 생각하면 저절로 [1]고개가 수그러져요.

스티브 맞아요. 그리고 한국에는 전쟁 때문에 생긴 이산가족들이 많잖아요. 이분들이 가족을 만나지 못해서 [2]가슴을 치는 장면을 보면 [3]눈시울이 뜨거워져요.

민지 그렇죠. 한국 전쟁으로 거의 100만 명의 남한 민간인들이 피해를 보았대요. 1945년에 일본이 미국에 [4]무릎을 꿇으면서 한국은 식민 통치에서 벗어나기는 했지만, 곧 민주주의와 공산주의 국가로 나뉘었어요.

**Steve** Minji, today is apparently Hyeonchungil. Could you explain what that is?

**Minji** It's Memorial Day. Whenever I think about the people who sacrificed their lives for their country, I can only [1]bow my head in respect.

**Steve** I feel the same. There are many separated families in Korea because of the Korean War. I [3]feel very emotional when I see them [2]in deep sorrow at not being able to see their families in North Korea.

**Minji** Yes, that's true. The war caused suffering for almost one million South Korean civilians. Even though Korea was freed from colonial rule after Japan [4]surrendered to the US in 1945, the country was divided into democratic and communist countries.

스티브 같은 민족끼리 [5]피를 보는 일은 더 이상 없어야 해요.

민지 그건 정말 자기 [6]무덤을 파는 일이에요. 남한과 북한에 통일의 새 [7]바람을 일으키는 리더가 있었으면 좋겠어요.

스티브 북한이 경제적으로 어려워져서 자주 [8]손을 벌리잖아요. 그렇게 어려울 때 한국이 많이 도와주었으니 언젠가는 생각이 바뀌겠죠.

민지 제발 그랬으면 좋겠어요. 자꾸 서로에게 [9]올가미를 씌워서 관계가 더 나빠지는 일이 없었으면 좋겠어요.

스티브 저는 한국 역사나 정치에 대해서는 정말 [10]쥐뿔도 모르지만 언젠가는 꼭 통일이 될 거라고 믿어요.

Steve There should be no [5]fighting and bloodshed among people who share the same blood.

Minji Yes, it's no different from [6]digging your own grave. I hope there is a leader who can [7]bring a new boost to the efforts for the unification of South and North Korea.

Steve Because of its suffering economy, North Korea frequently [8]asks for money. Maybe one day they'll have a change of heart, considering how much help they've gotten from South Korea in difficult times.

Minji I sure hope so. I hope the relationship isn't worsened by any [9]schemes against each other.

Steve I'm [10]completely ignorant about Korean history or politics, but I believe that unification will happen someday.

## 워밍업퀴즈 아래 관용어들을 직역(Literal meaning) 하면 무슨 뜻인지 찾아 연결하세요.

| | | | |
|---|---|---|---|
| ㄱ | 가슴을 치다 | A | to dig a tomb |
| ㄴ | 고개가 수그러지다 | B | to kneel down |
| ㄷ | 눈시울이 뜨거워지다 | C | to beat one's chest |
| ㄹ | 무덤을 파다 | D | to set a trap |
| ㅁ | 무릎을 꿇다 | E | to cause the wind to blow |
| ㅂ | 바람을 일으키다 | F | head is lowered |
| ㅅ | 손을 벌리다 | G | to open one's hands |
| ㅇ | 올가미를 씌우다 | H | to see blood |
| ㅈ | 쥐뿔도 모르다 | I | to not know even the horn of a mouse |
| ㅊ | 피를 보다 | J | rims of the eyelids heat up |

### 어휘와 표현

공산주의 communism
관계 relationship
국가 nation
나뉘다 to be divided
나빠지다 to become worse
더 이상 anymore
메모리얼 데이 Memorial Day
목숨을 바치다 to give one's life
민간인 civilian
민족 a people of a certain ethnicity
민주주의 democracy
믿다 to believe
벗어나다 to get out of
생각이 바뀌다 to have a change of heart
식민지 colony
역사 history
자꾸 over and over again
저절로 naturally
정치 politics
제발 그랬으면 좋겠다 I really hope so
통일 unification
통치 reign
피해를 보다 to be harmed
현충일 Hyeonchungil (Korean Memorial Day)

## 핵심표현 익히기 뜻을 영어와 한국어로 확인하고, 여러분의 생각과 비교해 보세요.

### 가슴을 치다
to beat one's chest in regret or lament, to be very sad
마음에 큰 충격을 받다.

### 고개가 수그러지다
to feel respect for someone, to bow one's head in respect
존경하는 마음이 생기다.

### 눈시울이 뜨거워지다
to be moved to tears
감정이나 열정이 격렬해지거나 감동받다.

### 무덤을 파다
to get oneself into trouble, to dig one's own grave
스스로 나쁜 길을 선택하다.

### 무릎을 꿇다
to surrender
항복하거나 굴복하다.

### 바람을 일으키다
① to influence many people in a society ② to make a social issue of something
③ to start a new movement
① 사회적으로 많은 사람에게 영향을 미치다. ② 사회적 문제를 만들거나 소란을 일으키다.
③ 어떤 새로운 목표를 세우고 그것을 이루기 위하여 사회적인 운동을 벌이다.

### 손을 벌리다
to ask or beg for something especially money
무엇을 달라고 요구하거나 구걸하다.

### 올가미를 씌우다
to set somebody up
꾀를 써서 남을 걸려들게 하다.

### 쥐뿔도 모르다
to not know anything at all
아무것도 알지 못하다.

### 피를 보다
① to shed blood in a fight ② to suffer a great loss
① 싸움으로 피를 흘리는 상황이 되어 사상자를 내다. ② 크게 봉변을 당하거나 손해를 보다.

### 어휘와 표현

**감동받다** to be moved
**걸려들다** to be lured
**격렬해지다** to get intense
**구걸하다** to beg (for money)
**꾀** trick
**목표를 세우다** to set a goal
**봉변을 당하다** to suffer a misfortune
**사상자** casualties
**선택하다** to choose
**소란을 일으키다** to cause disturbance
**손해를 보다** to suffer a loss
**열정** passion
**영향을 미치다** to influence
**요구하다** to demand
**운동을 벌이다** to start a movement
**이루다** to fulfill
**존경하다** to respect
**충격을 받다** to undergo shock
**피를 흘리다** to shed blood

## 연습문제를 풀어 보세요

STEP 1 영어로 된 아래의 설명에 해당하는 한국어 관용어를 적어 보세요.

01 to beat one's chest in regret or lament, to be very sad

02 to set somebody up

03 to feel respect for someone, to bow one's head in respect

04 to surrender

05 to ask or beg for something especially money

06 to be moved to tears

07 to not know anything at all

08 to shed blood in a fight / to suffer a great loss

09 to get oneself into trouble, to dig one's own grave

10 to influence many people in a society / to make a social issue of something / to start a new movement

## STEP 2 아래 예문에 알맞은 관용어를 채워 대화를 완성해 보세요.

01 가 제가 친구 말만 듣고 주식을 샀는데 그 회사 주식이 자꾸 떨어지고 있어요. 괜히 샀나 봐요.
나 더 이상 ______________ 지 않으려면 빨리 파세요. 앞으로 주식이 더 떨어질 거라고 하던데…….

02 가 어렸을 때 집에서 아버지와 정치에 관해서 이야기를 나눈 적이 있어요?
나 아니요. 아버지는 제가 고등학생이었을 때는 정치에 대해서 ______________ 다고 생각하셨어요. 하지만 대학생이 되고 나서는 종종 같이 이야기를 나누곤 해요.

03 가 한국의 '아리랑'을 아세요?
나 네, 알아요. 멜로디가 아주 아름다워서 처음 들었을 때부터 ______________. 가사를 몰라도 아름다우면서도 슬프게 느껴져요.

04 가 요즘 정치는 정말 이상해요. 왜 서로 헐뜯기만 할까요?
나 그러게 말이에요. 반대파이면 잘못이 없어도 ______________ 서 흠집을 내기에 바빠요.

05 가 방송국 공채시험에 합격했다면서요?
나 네, 그동안 가슴이 조마조마했는데 합격 이메일을 받고 너무 기뻤어요.
가 축하해요. 정말 잘됐어요. 제가 아는 다른 분은 합격할 줄 알았는데 불합격이라는 메일이 와서 ______________ 시더라고요.

06 가 LG 청소기가 다이슨(Dyson) 청소기보다 더 좋아요?
나 네, 더 좋고 인기도 많은가 봐요. 다이슨이 LG에 ______________ 다고 뉴스에 나오더라고요. 요즘에는 LG 청소기가 더 많이 팔린대요.

07 가 수지 씨는 언제부터 돈을 벌기 시작했어요?
나 저는 대학생 때부터 부모님께 ______________ 기 죄송해서 아르바이트를 했어요.
가 대학생이 되어서도 부모님께 용돈을 받는 사람들이 많던데 대단하네요.

08 가 자동차를 사야 하는데 어떤 차를 사야 할지 모르겠어요.
나 요즘 전기 자동차가 세계적으로 ______________ 서 그런지 사람들이 많이 사더라고요. 제 친구 중에도 전기 자동차를 타는 사람들이 많아요.

09 가 제 친구 아버님은 연세가 75세이신데 아직도 일하세요.
나 대단하시네요. 저는 매일 회사를 그만두고 싶다고 생각하는데……. 그렇게 오랫동안 즐겁게 일하시는 분을 보면 존경심에 저절로 ______________.

10 가 내일이 시험인데 공부는 하기 싫고……. 같이 노래방 가서 스트레스나 풀까요?
나 무슨 소리예요. 같이 ______________ 면 안 되죠. 중요한 시험인데 망칠 수는 없어요. 피곤하면 잠깐만 쉬었다가 다시 공부해요.

### 어휘와 표현

- 가사 lyrics
- 공채 open recruitment
- 괜히 unnecessarily
- 그러게 말이에요. I agree.
- 돈을 벌다 to earn money
- 망치다 to mess up
- 반대파 the opposing side
- 방송국 broadcasting station
- 불합격 fail to pass (a test)
- 스트레스를 풀다 to relieve stress
- 연세 age (*honorific*)
- 용돈 allowance
- 이야기를 나누다 to talk with
- 잘못 fault
- 저절로 naturally
- 전기 electricity
- 정치 politics
- 조마조마하다 to be nervous
- 존경심 respect
- 종종 often
- 주식 stock
- 청소기 vacuum
- 헐뜯다 to slander
- 흠집을 내다 to cause harm or damage

## 친구와 함께 해요

- 친한 친구나 가족을 인터뷰하고 아래 표를 완성해 보세요.

| 질문 | 친구 이름: | 친구 이름: |
|---|---|---|
| 눈시울이 뜨거워지는 한국 드라마나 영화를 본 적이 있어요? 어떤 영화예요? | | |
| ________씨는 만약 사업에 실패해서 손을 벌리는 친구가 있다면 도와줄 수 있어요? | | |
| ________씨는 지금까지 살면서 가슴을 칠 정도로 후회한 일이 있어요? | | |

- 이 과에서 배운 관용어를 사용해서 아래 그림의 상황을 짧게 설명해 보세요.

예 이번 2차 이산가족 상봉(the second reunion of separated families)을 보고 눈시울이 뜨거워졌어요. 70년 동안 만나지 못했으니 그분들은 얼마나 서로 그리워하셨을까요(to miss)?

# Unit 19 찬밥 더운밥 가릴 때가 아니에요

*now is not the time to be picky*

## 읽어봅시다

민지 스티브 씨, 하숙방 구했어요?

스티브 네, 하나 찾기는 했는데 아직 계약을 안 했어요.

민지 왜요?

스티브 제가 방을 보러 갔을 때 옆방 사람이 [1]돼지 멱따는 소리로 노래를 하고 있더라고요. 아무래도 조금 시끄러울 것 같아요. 하숙비도 조금 비싸고요.

민지 지금 [2]찬밥 더운밥 가릴 때가 아니에요. 방이 거의 없대요. 빨리 그 방이라도 계약하세요.

스티브 게다가 하숙집 아주머니의 며느리는 [3]홑몸이 아니에요. 아기가 곧 태어날 텐데 밤에 아기가 울기라도 하면 [4]엎친 데 덮친 격으로 더 시끄러워질 수 있잖아요.

Minji Steve, did you find a room at a boarding house yet?

Steve Yes, I did find one but did not sign the contract yet.

Minji Why not?

Steve When I went to check out the room, the person in the room next to it was singing like [1]a screeching pig. I'm afraid it'll be quite loud. Also, the rent is pretty expensive.

Minji Now is not the time [2]to be picky. There are barely any rooms left. You should sign the contract there, before it's too late.

Steve Also, the daughter-in-law of the woman who owns the boarding house [3]is expecting a baby. She is going to give birth soon. If the

민지 아, 그랬어요? 그건 좀 곤란하네요. 그런데 하숙집 주인 아주머니는 어땠어요?

스티브 아주머니는 매우 친절하셔서 제가 [5]몸 둘 바를 모르겠더라고요.

민지 스티브 씨는 [6]엉덩이가 무거워서 한번 이사 가면 거기서 오래 살 것 같은데요. 요즘 같은 상황에서는 집주인이 [7]칼자루를 쥐고 있으니까, 잘 생각해 보고 빨리 결정하는 게 좋을 것 같네요.

스티브 저도 빨리 이사 가고 싶은 [8]마음은 굴뚝같은데 결정을 못 하겠어요.

민지 그런데 그렇게 [9]뜸을 들이면 방을 놓칠 수도 있어요. 요즘엔 방 구하기가 정말 어렵거든요.

스티브 그렇겠죠? 아무래도 그냥 그 집으로 정해야겠어요. 정 시끄러우면 하숙집 아주머니께 얘기하고, 하숙비가 좀 비싼 건 [10]허리띠를 졸라매고 살면 되죠, 뭐.

baby cries during the night, things will [4]only get worse, and it will be even louder.

Minji Oh really? That will make things difficult. How is the landlady of the boarding house?

Steve She was so kind that I [5]didn't know what to do with myself.

Minji I think you will stay there a long time because you [6]don't move very often. These days, the owner [7]has the final say, so you should think carefully and decide quickly.

Steve I [8]really want to move as soon as possible but I can't decide.

Minji But you might miss the chance if you [9]are slow to act like that. It is very hard to find a room these days.

Steve I guess you're right. I think I will just have to settle for that house. If it´s too noisy, I will tell the landlady. And I will [10]be frugal so I can pay for the rent.

## 워밍업퀴즈 아래 관용어들을 직역(Literal meaning) 하면 무슨 뜻인지 찾아 연결하세요.

| | | | |
|---|---|---|---|
| ㄱ | 돼지 멱따는 소리 | A | mind is like a chimney |
| ㄴ | 뜸을 들이다 | B | to hold a sword by the hilt |
| ㄷ | 마음이 굴뚝같다 | C | to not know where to put one's body |
| ㄹ | 몸 둘 바를 모르다 | D | to tighten one's belt |
| ㅁ | 엉덩이가 무겁다 | E | things are piled up |
| ㅂ | 엎친 데 덮치다 | F | a pig's screaming when its throat is cut |
| ㅅ | 찬밥 더운밥 가리다 | G | to choose between warm and cold rice |
| ㅇ | 칼자루를 쥐다 | H | to not be alone (cf.: to not be single) |
| ㅈ | 허리띠를 졸라매다 | I | butt is heavy |
| ㅊ | 홀몸이 아니다 (참: 홑몸이 아니다) | J | let the rice settle in its own steam |

## 어휘와 표현

거의 almost
결정하다 to decide
계약을 하다 to sign a contract
곤란하다 to have difficulty
구하다 to look for
그냥 just
놓치다 to miss
며느리 daughter-in-law
시끄럽다 to be noisy
아기 baby
아무래도 probably
아주머니 ma´am, old lady
이사 가다 to move
정하다 to decide
주인 owner
태어나다 to be born
하숙방 room at a boarding house
하숙비 boarding house rent

## 핵심표현 익히기 뜻을 영어와 한국어로 확인하고, 여러분의 생각과 비교해 보세요.

돼지 멱따는 소리
screeching sound, squealing sound
아주 듣기 싫도록 꽥꽥 지르는 소리.

뜸을 들이다
to give pause, to act slowly, to beat around the bush
일이나 말을 할 때에 쉬거나 여유를 갖기 위해 서두르지 않고 한동안 가만히 있다.

마음이 굴뚝같다
to want something badly
바라거나 그리워하는 마음이 몹시 간절하다.

몸 둘 바를 모르다
to be at a loss, to not know how to behave
어떻게 행동해야 할지 모르다.

엉덩이가 무겁다
to be sluggish, to not be prone to get up once settled
한번 자리를 잡고 앉으면 잘 일어나지 않는다.

엎친 데 덮치다
to make things worse
어렵거나 나쁜 일이 겹쳐 일어나다.

찬밥 더운밥 가리다
to not consider one's lot and act in an overly picky manner
어려운 형편에 있으면서 까다롭게 행동하다.

칼자루를 쥐다
to have the final say, to make the call
어떤 일에 실제적인 결정권을 가지다.

허리띠를 졸라매다
to live frugally
검소한 생활을 하다.

홑몸이 아니다 (참: 홀몸이 아니다)
to be pregnant (cf.: to be married, to have a family)
아이를 가지다. (참: 배우자가 있거나 가족이 있다.)

### 어휘와 표현

**가만히 있다** to stay still
**간절하다** to be desperate
**검소한** frugal
**결정권** the power or right to make a decision
**겹치다** to overlap
**그리워하다** to miss
**까다롭게 행동하다** to be picky
**바라다** to desire
**소리지르다** to yell
**실제적인** actual
**자리를 잡다** to settle into a place
**형편** circumstances

## 연습문제를 풀어 보세요

**STEP 1** 영어로 된 아래의 설명에 해당하는 한국어 관용어를 적어 보세요.

01 to be pregnant

02 screeching sound, squealing sound

03 to live frugally

04 to want something badly

05 to have the final say, to make the call

06 to be sluggish, to not be prone to get up once settled

07 to make things worse

08 to not consider one's lot and act in an overly picky manner

09 to give a pause, to act slowly, to beat around the bush

10 to be at a loss, to not know how to behave

STEP 2 아래 예문에 알맞은 관용어를 채워 대화를 완성해 보세요.

01 가 피곤해 보이는데 무슨 일 있었어요?
나 어제 옆방에서 누가 ______________로 시끄럽게 노래하는 바람에 잠을 못 자서 그래요.

02 가 올여름에도 한국에 가세요?
나 가고 싶은 ______________지만 어머니가 편찮으셔서 뉴욕에 가봐야 할 것 같아요. 여름에는 못 가도 겨울방학 때는 꼭 가려고요.

03 가 제가 이번에 아주 중대한 결정을 내렸어요.
나 그게 뭔데요? 회사 일이에요, 아니면 사적인 일이에요?
가 들어 볼래요?
나 자꾸 ______________지 말고 빨리 이야기해 보세요. 궁금해 죽겠어요.

04 가 요즘 경기가 너무 안 좋아서 병원에도 환자가 없대요.
나 아무래도 불황에 ______________다 보면 병원에 안 가고 그냥 약국에서 약만 사 먹게 되죠. 어떻게 해서든지 지출을 줄여야 하니까요.

05 가 어느 회사에 가기로 했어요? 아직 아무 연락이 없어요?
나 아직이요. 지금 제가 ______________ 처지가 아니라서요. 어디든지 오라고 하는 회사가 있으면 얼른 가야지요.

06 가 부산 여행은 어땠어요?
나 친구 집에서 묵었는데 친구 어머니께서 너무 잘해주셔서 ______________겠더라고요. 덕분에 편하게 잘 지내다 왔어요.

07 가 레슬리 씨는 한국에서 오래 살았는데 미국 집이 그립지 않아요?
나 물론 그립기는 하지만 제가 ______________가봐요. 한국을 떠나는 게 쉽지가 않네요.

08 가 저 선수는 이번 시즌이 끝나고 팀에 남을 수 있겠죠?
나 그럼요. 이번 시즌 성적이 워낙 좋아서 지금 ______________있는 사람은 구단이 아니고 바로 저 선수예요. 본인이 원하면 당연히 남을 수 있죠.

09 가 오늘 아침에 늦게 일어나는 바람에 지각했는데, 더 황당한 건 지하철에서 지갑을 잃어버렸다는 거예요.
나 정말 ______________ 격이네요. 안됐지만 그냥 액땜했다고 생각하세요. 아마 지갑을 다시 찾기는 어려울 거예요.

10 가 이번 주 토요일에 이사한다면서요? 출산 예정일도 얼마 안 남았는데 제가 좀 도와드릴까요?
나 괜찮아요. 짐도 거의 다 쌌어요.
가 ______________데 조심하세요. 괜히 무리했다가 잘못되면 큰일 나요.

**어휘와 표현**

결정 decision
구단 sports team
궁금하다 to be curious
그립다 to miss
남아 있다 to remain
당연히 definitely
무리하다 to work too hard
묵다 to stay (in lodgings)
본인 oneself
불황 recession
사적인 private
액땜하다 to pay the price in advance to avoid something much worse
예정일 due date
워낙 very
줄이다 to reduce
중대한 significant
지각하다 to be late
지출 expense
짐을 싸다 to pack (luggage)
처지 situation
출산 childbirth
편찮으시다 to be sick (*honorific*)
피곤하다 to be tired
환자 patient
황당하다 to be absurd

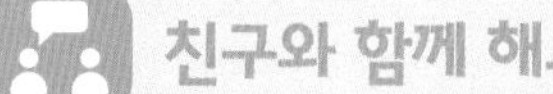

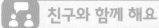

## 친구와 함께 해요

◎ 친한 친구나 가족을 인터뷰하고 아래 표를 완성해 보세요.

| 질문 | 친구 이름: | 친구 이름: |
|---|---|---|
| ________씨는 돼지 멱따는 소리로 노래방에서 노래하는 사람을 본 적이 있어요? | | |
| ________씨가 허리띠를 졸라매야 하는 상황이 온다면 가장 먼저 줄일 것 같은 생활비는 무엇인가요? | | |
| ________씨는 좋은 대학에 가기 위해 찬밥 더운밥 가리지 않는 친구를 본 적이 있어요? | | |

◎ 이 과에서 배운 관용어를 사용해서 아래 그림의 상황을 짧게 설명해 보세요.

예 주말에는 해야할 일들이 쌓여 있어도(be piled up) 엉덩이가 무거워서 소파에서 일어나기도 싫어요.

# Unit 20 눈썰미가 있어요

*have a good eye*

## 읽어봅시다

민지 스티브 씨, 오늘 학교 앞 지하철역에서 싸우는 사람 봤어요? 스티브 씨한테 영어 배우던 학생 같던데요. 조금 [1]낯이 뜨겁기는 했지만 아는 사람인 것 같아서 자세히 봤거든요.

스티브 저도 보기는 했는데 제가 아는 사람인 줄은 몰랐어요. 민지 씨는 [2]눈썰미가 좋은데 저는 영 그렇지 못해서…….

민지 그 학생이 지난번에 스티브 씨한테도 [3]말꼬리를 물고 늘어져서 가르치기 힘들어했잖아요. 제가 그만 대답하라고 스티브 씨 [4]옆구리를 찔렀는데도 못 알아듣고 계속 얘기했었지요? 그래서 제가 그 학생 얼굴을 잘 기억해요.

Minji Steve, did you see the person fighting at the subway station in front of our school? It looked like one of your English students. Even though it [1]was embarrassing, I looked at him closely because I thought it was someone I knew.

Steve Oh, I did see, but I didn't know if it was someone I knew. Unlike you, I don't [2]have a good eye to catch that kind of thing.

Minji That student gave you a hard time, too, because he kept [3]challenging every single thing you said. Don't you remember? I [4]kept nudging you to hint that you should stop replying, but you didn't understand and kept going. That's why I remember that student's face.

스티브 하하, 그 학생 우리가 자기 이야기를 너무 많이 해서 지금 [5]<u>귀가 가렵겠는데요</u>.

민지 스티브 씨는 착하니까 계속 대답해 줬지만, 저 같은 사람한테는 [6]<u>국물도 없어요</u>. 그렇게 자기 생각만 하는 사람은 [7]<u>코를 납작하게 해줘야</u> 해요.

스티브 민지 씨랑 얘기하면 무서워서 그 학생도 [8]<u>꼬리를 내릴</u> 것 같아요.

민지 그 학생은 선생님도 [9]<u>물로 보는데</u> 다른 사람들은 어떻겠어요?

스티브 그래도 오늘 일은 제가 모르는 거로 하는 게 좋겠어요. 제가 알면 그 학생도 창피해할 것 같아요.

민지 알았어요. 스티브 씨와 [10]<u>말을 맞춰야지요</u>. 저도 안 본 거로 할게요.

Steve Haha, that student's [5]<u>ears must be itchy</u> now because we are talking about him so much.

Minji You kept replying since you're so nice, but if it was me, there would be [6]<u>no chance</u>. With people who only think about themselves, you have [7]<u>to teach them a lesson</u>.

Steve You'd probably be scary enough that I think even he would [8]<u>back down</u> if he had to talk to you.

Minji If that student [9]<u>disrespects</u> his teachers like that, how do you think he would treat other people?

Steve Still, I should act like I don't know about the fight today. If he finds out that I know about this, he will be embarrassed.

Minji Ok. Well, I have [10]<u>to match our stories</u>. I'll act like I didn't see anything.

## 워밍업퀴즈 아래 관용어들을 직역(Literal meaning) 하면 무슨 뜻인지 찾아 연결하세요.

| | | | |
|---|---|---|---|
| ㄱ | 국물도 없다 | A | face is heated |
| ㄴ | 귀가 가렵다 (동: 귀가 간지럽다) | B | to poke somebody in the ribs |
| ㄷ | 꼬리를 내리다 | C | ears are itchy (syn.: ears are tickled) |
| ㄹ | 낯이 뜨겁다 | D | to match (each other's) words or stories |
| ㅁ | 눈썰미가 좋다 | E | to bite the tail of (another's) words and not let go |
| ㅂ | 말꼬리를 물고 늘어지다 | F | to lower one's tail |
| ㅅ | 말을 맞추다 | G | to lack even broth |
| ㅇ | 물로 보다 | H | to see someone as water |
| ㅈ | 옆구리를 찌르다 | I | to flatten someone's nose |
| ㅊ | 코를 납작하게 하다 | J | to have a good eye |

### 어휘와 표현

**~은 걸로 하다** to take it as –
**기억하다** to remember
**대답하다** to answer
**못 알아듣다** to not understand
**자기 생각만 하다** to think of oneself only
**자세히** in detail
**지하철역** subway station
**창피해하다** to be embarrassed

## 핵심표현 익히기 뜻을 영어와 한국어로 확인하고, 여러분의 생각과 비교해 보세요.

### 국물도 없다
① to show no mercy ② to have no gains to look forward to
① 봐줄 수 없다. 용서할 수 없다. ② 돌아오는 몫이나 이익이 아무것도 없다.

### 귀가 가렵다 (동: 귀가 간지럽다)
to get the feeling that one is being gossiped about
남이 제 말을 한다고 느끼다.

### 꼬리를 내리다
to feel overpowered, to back down, to change one's tune
상대편에게 기세가 꺾여 물러서거나 움츠러들다.

### 낯이 뜨겁다
to be embarrassed
무엇이 남보기 창피하거나 부끄러워 얼굴이 화끈거릴 정도이다.

### 눈썰미가 좋다
to easily recognize and remember visual images
한두 번 본 것을 그대로 할 수 있을 정도로 눈으로 본 것을 잘 기억하는 재주가 있다.

### 말꼬리를 물고 늘어지다
to challenge everything someone says
남의 말 가운데서 꼬투리를 잡아 따지고 들다.

### 말을 맞추다
to match stories (with someone else)
제삼자에게 같은 말을 하기 위하여 다른 사람과 말의 내용이 같게 하다.

### 물로 보다
to consider someone a pushover
사람을 하찮게 보거나 쉽게 생각하다.

### 옆구리를 찌르다
to nudge a person in the rib to indicate something
팔꿈치나 손가락으로 옆구리를 찔러서 비밀스럽게 신호를 보내다.

### 코를 납작하게 하다
to humiliate, to humble somebody's pride
기를 죽이다.

#### 어휘와 표현

**기를 죽이다** to dishearten, to discourage
**기세가 꺾이다** to be discouraged
**기억하다** to remember
**꼬투리를 잡다** to find fault with
**따지다** to nitpick
**몫** allotment
**물러서다** to step back
**봐주다** to let somebody off
**상대편** opponent
**신호** signal
**옆구리** side
**용서하다** to forgive
**움츠러들다** to flinch
**이익** benefit
**재주** talent
**찌르다** to poke
**창피하다** to be embarrassed
**팔꿈치** elbow
**하찮다** to be insignificant
**화끈거리다** to feel hot

## 연습문제를 풀어 보세요

STEP 1 영어로 된 아래의 설명에 해당하는 한국어 관용어를 적어 보세요.

01 to get the feeling that one is being gossiped about

02 to be embarrassed

03 to humiliate, to humble somebody's pride

04 to consider someone a pushover

05 to show no mercy / to have no gains to look forward to

06 to easily recognize and remember visual images

07 to challenge everything someone says

08 to match stories (with someone else)

09 to feel overpowered, to back down, to change one's tune

10 to nudge a person in the rib to indicate something

STEP 2 아래 예문에 알맞은 관용어를 채워 대화를 완성해 보세요.

01 가 저기, 혹시 박 부장님 사모님 아니세요?
나 네, 맞는데요. 어떻게 이렇게 사람 많은 데서 저를 알아보셨어요?
가 지난번 파티에서 한번 뵈었잖아요.
나 정말 ____________________ 으시네요.

02 가 K 리그 아드리아노 선수가 올해 득점왕이 될 것 같아요.
나 맞아요. 지난 경기 후반전에 헤딩으로 결승골을 터뜨리며 라이벌 선수의 ____________________ 게 만들었지요.

03 가 요즘엔 서울 생활이 힘들어서 고향으로 돌아가고 싶을 때가 많아요.
나 그럼 부모님께 말씀드리면 되지 않아요?
가 저희 부모님께 말씀드려도 ____________________. 제가 서울에서 좋은 대학 졸업하고 좋은 회사에 취직하기만 바라시거든요.

04 가 박 부장님 요즘 진짜 이상하지 않아요? 괜히 별것도 아닌 일을 가지고 막 화를 내시고…….
나 요즘 조금 이상해지시기는 했어요. 아마 이것저것 스트레스가 많으신가 보지요. 그런데 이렇게 우리가 만날 때마다 박 부장님 이야기를 하고 있으니 지금쯤 아마 ____________________ 시겠는데요.

05 가 어제 민수 씨가 옛날 여자친구 이야기를 너무 많이 해서 수지 씨가 좀 기분 나빠하는 것 같았지요?
나 네. 그래서 제가 계속 민수 씨 ____________________ 는데도 끝까지 자기가 하고 싶은 말을 다 하더라고요.

06 가 박 부장님은 왜 김 과장님한테만 화를 내실까요?
나 김 과장님이 워낙 착하시니까 ____________________ 시는 거지요. 다른 사람한테는 그렇게 못 하시잖아요.

07 가 저는 여자친구랑 아예 싸우지를 않아요. 그냥 제가 다 져줘요. 제가 무슨 말만 하면 ____________________ 니까 대화가 안 돼요. 제 의견은 아예 듣지도 않아요.
나 그래도 대화로 풀어야지요. 그런 관계는 절대 오래갈 수 없어요.

08 가 박 부장님은 부하들에게는 늘 큰소리치시는데 상관들한테는 그렇게 안 하시나 보죠?
나 말도 마세요. 상관들한테는 바로 ____________________ 시더라고요. 아랫사람들한테는 강하고 윗사람들한테는 약하신 것 같아요.

09 가 요즘 뜨고 있는 가수 K의 노래가 외국 노래를 표절한 거래요.
나 저도 그 얘기 들었어요. 아직도 그런 사람들이 있다니 정말 ____________________ 일이네요. 믿었던 사람이라서 그런지 실망이 더 크네요. 정말 부끄러운 일이에요.

10 가 텔레비전에서 연예인들이 하는 가상결혼 프로그램을 보면 두 사람이 정말 잘 어울려서 실제로 결혼하면 좋을 것 같다는 생각이 가끔 들어요.
나 그건 다 극본이 있어서 ____________________ 고 찍는 거예요. 어디까지나 가상이잖아요.

**어휘와 표현**

- **가상** virtual
- **강하다** to be strong
- **결승골을 터뜨리다** to score the winning goal
- **결혼하다** to marry
- **극본** script
- **대화** conversation
- **득점왕** top scorer
- **뜨다** to rise
- **말도 마세요** don't get me started
- **믿다** to trust
- **부장** department head
- **부하** junior staff
- **사모님** one's senior's wife, Mrs.
- **상관** boss
- **실망** disappointment
- **아마** maybe
- **아예** never
- **알아보다** to recognize
- **약하다** to be weak
- **어디까지나** as far as it goes
- **어울리다** to match
- **의견** opinion
- **져주다** to lose on purpose
- **큰소리치다** to brag
- **표절하다** to plagiarize
- **풀다** to alleviate
- **후반전** second half

## 친구와 함께 해요

○ 친한 친구나 가족을 인터뷰하고 아래 표를 완성해 보세요.

| 질문 | 친구 이름: | 친구 이름: |
|---|---|---|
| _______씨는 눈썰미가 좋은 편이에요? 그렇지 않은 편이에요? 왜 그렇게 생각해요? | | |
| 만약 누군가 _____씨를 물로 본다고 느낄 때, 어떻게 행동할 거예요? | | |
| _______씨는 어렸을 때 부모님을 속이려고 형제나 자매와 말을 맞춰 본 적이 있어요? 어떤 일이었어요? | | |

○ 이 과에서 배운 관용어를 사용해서 아래 그림의 상황을 짧게 설명해 보세요.

예 친구들이 제 얘기를 하는 것 같아서 귀가 가렵네요. 뒤에서 수근거리면(to whisper) 왠지 제 얘기를 하는 것 같아요.

# Unit 21 녹초가 됐어요

*I'm exhausted*

'줄행랑을 놓다'의 '줄행랑'이라는 말은 1894년 갑오경장 때 행랑채에 있던 종들이 줄줄이 도망갔다는 말에서 나왔다고 합니다.

## 읽어봅시다

스티브 민지 씨, 왜 이렇게 피곤해 보여요?

민지 어제 날씨도 더운데 등산 갔다 왔더니 완전히 [1]녹초가 됐어요.

스티브 어제 정말 더웠는데 등산을 갔어요? 왜요?

민지 우리 동아리에서 야유회를 가기로 했었거든요. 어제 낮 기온이 30도를 넘었는데 한 30분 걸으니까 [2]하늘이 노래지더라고요.

스티브 대단하네요. 그렇게 더운 날씨에 등산을 하다니……. 저 같으면 [3]줄행랑을 놓았을 거예요.

Steve Minji, why do you look so tired?

Minji I went hiking yesterday even though it was so hot, so yesterday [1]I was exhausted.

Steve Why did you go hiking when it was so hot?

Minji My club decided to go on an outdoors trip. It was over 30 degree yesterday, and after 30 minutes of walking, I [2]became really dizzy.

Steve That's incredible. Hiking in that weather... If it was me, I would've [3]run away.

민지 우리 동아리 회원들 중에도 [4]꿩 구워 먹은 소식인 친구들이 몇 명 있었어요. 정말 [5]간이 큰 친구들이죠.

스티브 그 친구들은 모두 [6]도마에 올랐겠네요. 민지 씨도 고생 많았겠어요. 그런데 힘은 들어도 등산하고 나서 사람들과 함께 먹는 빈대떡과 막걸리는 정말 맛있지 않아요?

민지 맞아요. 등산 후에 마시는 막걸리는 정말 맛있어요. 저도 아주 [7]사족을 못 써요.

스티브 술을 [8]떡이 되도록 마시는 건 물론 안 좋지만, 가끔 시원하게 한 잔 정도 마시는 건 괜찮은 것 같아요.

민지 네, 저도 절대 [9]필름이 끊길 정도로 마시지는 않아요. 어제 저녁에는 밥도 정말 맛있어서 아주 많이 먹는 바람에 제 다이어트 계획이 다 [10]물거품이 됐어요.

스티브 하하, 다이어트는 원래 늘 내일부터 하는 거예요.

Minji We actually had some members who didn't bother showing up and were [4]not able to be reached at all. They're very [5]bold.

Steve Those members must be the [6]target of criticism now. You also had your share of trouble, Minji. As tiring as the hike was, didn't the *bindaetteok* (Korean pancake) and rice wine afterward taste delicious?

Minji That's right. The rice wine after hiking was really good. I [7]can't resist it.

Steve Drinking until [8]you're a mess isn't good, but a refreshing drink once a in a while is nice.

Minji Yes, I never drink to the point where I [9]don't remember anything, either. Also, [10]so much for my diet. The food yesterday was so good, so I ended up eating a lot.

Steve Haha, diets are always something you start tomorrow.

## 워밍업퀴즈 아래 관용어들을 직역(Literal meaning) 하면 무슨 뜻인지 찾아 연결하세요.

| | | | |
|---|---|---|---|
| ㄱ | 간이 크다 (반: 간이 작다) | A | (for servants) to make a hasty retreat |
| ㄴ | 꿩 구워 먹은 소식 | B | to be on the cutting board |
| ㄷ | 녹초가 되다 | C | film is cut off |
| ㄹ | 도마에 오르다 | D | to dissolve into bubbles |
| ㅁ | 떡이 되다 | E | news that someone ate a broiled pheasant |
| ㅂ | 물거품이 되다 | F | to have a big liver (ant.: to have a small liver) |
| ㅅ | 사족을 못 쓰다 | G | to not be able to move one's limbs |
| ㅇ | 줄행랑을 놓다 | H | to become a piece of rice cake |
| ㅈ | 필름이 끊기다 | I | the sky turns yellow |
| ㅊ | 하늘이 노래지다 | J | to become a melted candle |

### 어휘와 표현

**~는 바람에** as a result of
**갑오경장** the Gabo Reform
**게다가** besides
**계획** plan
**고생** hardship
**기온** temperature
**늘** always
**다이어트** diet
**대단하다** to be incredible
**도망가다** to run away
**동아리** amateur club
**등산** hiking
**막걸리** Korean rice wine
**빈대떡** *bindaetteok* (Korean mungbean pancake)
**시원하게** refreshingly
**야유회** picnic
**완전히** completely
**원래** originally
**절대** never
**종** servant
**줄줄이** one after the other
**피곤하다** to be tired
**행랑** rooms on both sides of the main gate where servants live (servants' quarters)
**행랑채** servants' quarters
**회원** member

## 핵심표현 익히기 뜻을 영어와 한국어로 확인하고, 여러분의 생각과 비교해 보세요.

간이 크다 (반: 간이 작다)
to have no fear, to be bold (ant.: to have many fears)
겁이 없고 매우 용감하다.

꿩 구워 먹은 소식
hearing nothing from someone, no news
소식이 전혀 없음을 비유적으로 이르는 말.

녹초가 되다
to be exhausted
몹시 지쳐서 기운이 없고 피곤하게 되다.

도마에 오르다
to be the target of criticism
비판의 대상이 되다.

떡이 되다
to become a mess (from going through something difficult or overdrinking)
크게 어려운 일을 당하거나 매를 맞거나 술에 취해서 정신이 없다.

물거품이 되다
to become nothing, to end in failure
노력이 헛되게 되다.

사족을 못 쓰다
to really like something or someone
어떤 것을 너무 좋아하거나 혹하여 꼼짝 못 하다.

줄행랑을 놓다
to run away
낌새를 채고 피하여 달아나다.

필름이 끊기다 (비)
to get drunk to the point of losing one's memory (slang)
정신이나 기억을 잃다.

하늘이 노래지다
① to have no energy, to become dizzy ② to be dazed as a result of severe shock
① 갑자기 기력이 다하다. ② 정신을 잃을 정도로 충격을 받다.

### 어휘와 표현

**겁** fear
**기력** energy
**기억** memory
**기운이 없다** to feel sluggish
**꼼짝 못 하다** to be powerless
**낌새를 채다** to get a hunch
**다하다** to run out of
**달아나다** to run away
**당하다** to suffer
**대상** object
**매를 맞다** to be beaten
**상태** condition
**소식** news
**용감하다** to be brave
**정신을 잃다** to be in a daze, to pass out
**지치다** to get tired
**충격을 받다** to be shocked
**헛되다** to be in vain
**혹하다** to be smitten with

## 연습문제를 풀어 보세요

**STEP 1** 영어로 된 아래의 설명에 해당하는 한국어 관용어를 적어 보세요.

01 to run away

02 to have no fear, to be bold

03 hearing nothing from someone, no news

04 to have no energy, to become dizzy / to be dazed as the result of severe shock

05 to get drunk to the point of losing one's memory

06 to be exhausted

07 to be the target of criticism

08 to become a mess (from going through something difficult or overdrinking)

09 to become nothing, to end in failure

10 to really like something or someone

## STEP 2 아래 예문에 알맞은 관용어를 채워 대화를 완성해 보세요.

01 가 대학 동창 영준이 사업이 망했다는 소식 들었어?
나 응, 그 소식 듣고 정말 놀랐어. 영준이 사업이 그동안 어려웠다는 건 알았었는데 지난주에 결국 부도났다는 소식을 듣고 ________________더라고. 대학에 다니는 아들도 있고 부모님도 모시고 사는데 정말 큰 일이야.

02 가 어제 회식 끝나고 어떻게 집에 갔는지 기억나세요?
나 기억이 전혀 안나요. 겨우 맥주 3잔 마시고 ________________ 나봐요.

03 가 김 과장님은 부장님 앞에서도 자기가 하고 싶은 말을 다 하시더라고요. 정말 용감하신 것 같아요.
나 김 과장님은 정말 ________________시네요. 저는 부장님이 무서워서 한마디도 못 하겠던데. 그러다 부장님한테 미움받으면 어쩌시려고…….

04 가 민수 씨와는 어떤 운동을 같이하면 좋을까요?
나 저는 골프라면 ________________. 골프 치러 가고 싶으면 언제든지 연락해요.

05 가 대학교 때 수업 같이 듣던 마크 씨와 아직도 연락하세요?
나 아니요. 마크 씨가 미국으로 돌아간 다음부터 ________________ 이에요. 아마 무척 바쁜가 봐요. 좀 한가해지면 연락하겠죠.

06 가 집이 깨끗해졌네요. 대청소했어요?
나 네. 어제 오랜만에 대청소하고 ________________. 너무 힘들어서 저녁도 못 먹고 그냥 자 버렸어요.

07 가 밤에 강남역에 가면 술에 취한 사람들이 많아서 정말 조심해야 해요.
나 맞아요. 게다가 12시 넘으면 술에 ________________ 사람들이 택시 잡는다고 길거리까지 나와 있어서 운전도 조심해야 해요.

08 가 옆집에 도둑이 들었다면서요? 그 도둑을 잡았대요?
나 아니요, 못 잡았대요. 도둑이 경찰이 오는 소리를 듣고 뒷문으로 ________________대요.

09 가 유명 대기업의 오너 간 경영권 분쟁으로 재벌의 지배구조에 대한 말이 많아요.
나 이런 전근대적인 경영시스템이 ________________지 꽤 오래되었는데도 개혁하기가 쉽지 않은 것 같아요.

10 가 내일부터 장마가 시작된다고 하던데 주말에 정말 휴가를 떠날 거예요?
나 비가 너무 많이 와서 아무래도 안 가는 편이 나을 것 같아요. 휴가 계획이 다 ________________. 호텔도 렌터카도 다 취소해야지요, 뭐.

### 어휘와 표현

개혁하다 to reform
게다가 besides
겨우 barely
경영 management
경영권 control of a company
대기업 major company
대청소 big cleanup
도둑이 들다 to be burglarized
동창 alumni
렌터카 rental car
망하다 to go broke
무척 very
반지 ring
부도나다 to go bankrupt
분쟁 dispute
사업 business
소식 news
아무래도 it seems that
연락하다 to contact
장마 rainy season
재벌 major Korean conglomerate
전근대적 premodern (in the sense of outdated)
지배구조 management structure
취소하다 to cancel
한가하다 to be free
한가해지다 to become free
휴가 vacation

## 친구와 함께 해요

◎ 친한 친구나 가족을 인터뷰하고 아래 표를 완성해 보세요.

| 질문 | 친구 이름: | 친구 이름: |
|---|---|---|
| ______씨는 사족을 못 쓸 정도로 좋아하는 것이 있어요? | | |
| ______씨는 어떤 계획이 물거품이 된 적이 있어요? 그래서 어떻게 했어요? | | |
| ______씨가 만약 버스를 탔는데 지갑을 안 가져 와서 하늘이 노래졌다면 어떻게 하겠어요? | | |

◎ 이 과에서 배운 관용어를 사용해서 아래 그림의 상황을 짧게 설명해 보세요.

예 방송국 앞에서 기다리던 팬들이 사인을 해 달라고 달려들자(to charge toward) OOO 씨는 줄행랑을 쳤어요(놓았어요).

# Unit 22 직성이 풀려요

*I'm satisfied*

'직성이 풀리다'의 '직성(直星)'은 사람의 나이에 따라 그 운명을 맡아본다는 별을 가리키는 말로 직성의 변화에 따라 자신의 운명도 결정된다는 사고방식으로부터 생겨난 말입니다.

## 읽어봅시다

민지 스티브 씨, 우리 동네에 새로 생긴 백화점에 가 봤어요?

스티브 아니요, 아직이요. 민지 씨는 가 봤어요?

민지 네, 어제 갔었는데 [1]파리를 날리고 있더라고요.

스티브 그래요? 요즘 경기가 정말 안 좋으니까요.

민지 사고 싶어서 [2]눈독을 들이고 있는 가방이 있었는데 살까 하다가 안 샀어요. 무슨 학생용 가방이 그렇게 비싸요? 아주 부모님 [3]등골을 뽑겠어요.

스티브 그렇게 비쌌어요? 보통 백화점에서는 [4]바가지를 씌우지는 않잖아요.

민지 네, 백화점에서 바가지를 쓸 일은 없지만 세일을 하지 않으면 정가를 다 주고 사야 하니까 가격이 좀

Minji Steve, have you been to the new mall that opened up in our neighborhood?

Steve No, not yet. Have you?

Minji I did yesterday, but [1]there weren't many people.

Steve Really? Well, the economy isn't good these days.

Minji There was a backpack that I [2]really wanted but I didn't buy it. What kind of school backpack is so expensive? Parents must feel [3]so burdened.

Steve It was that expensive? Department stores usually don't [4]put up unreasonable prices.

Minji Yes, you're right, but without a sale, it is

비싸거든요. 보통 백화점에서 쇼핑하면 사치스럽다고 [5]색안경을 끼고 보는 사람들이 있는데 세일을 하면 그렇게 비싸지 않아요.

스티브 어떤 사람들은 자기가 사고 싶은 것은 꼭 사야 [6]직성이 풀리잖아요. 민지 씨는 그런 성격은 아닌가 봐요.

민지 저도 살까 말까 얼마나 고민하는지 몰라요. [7]변덕이 죽 끓듯 해요. 어쩌면 내일 가서 살지도 몰라요.

스티브 정말 여자들 마음은 모르겠어요. 제 동생도 예쁜 핸드백하고 옷만 보면 아주 [8]눈이 돌아가요.

민지 그래요? 스티브 씨 동생은 [9]눈에 넣어도 아프지 않을 만큼 소중한 사람인데 그래도 하나는 사줘야 하지 않아요?

스티브 맞아요. 나중에 가격이 더 올라서 [10]무릎을 치고 후회하는 것보다는 돈이 좀 들어도 지금 사다 주는 게 낫겠어요.

really expensive. A lot of people who [5]have a biased view will say that shopping in department stores is extravagant, but when there are sales, it's not that expensive.

**Steve** Some people [6]are satisfied only when they buy the things they want. You don't seem like that kind of a person.

**Minji** You don't know how much I agonized about whether to buy it or not. I [7]keep changing my mind. I might actually buy it tomorrow.

**Steve** I really don't understand how girls' minds work. My sister also [8]goes crazy when she sees pretty bags or clothes.

**Minji** Really? Maybe you should buy her something, considering how [9]terribly fond of her you are.

**Steve** I guess you're right. I guess it's better to buy her something now, even if it is costly, rather than [10]regret it later when the price goes up.

## 워밍업퀴즈 아래 관용어들을 직역(Literal meaning) 하면 무슨 뜻인지 찾아 연결하세요.

| | | | |
|---|---|---|---|
| ㄱ | 눈독을 들이다 | A | to pull out one's spine |
| ㄴ | 눈에 넣어도 아프지 않다 | B | to hit one's knee |
| ㄷ | 눈이 돌아가다 | C | to keep one's eyes on something |
| ㄹ | 등골을 뽑다 | D | to have flies flying about |
| ㅁ | 무릎을 치다 | E | one's fateful star is relieved (based on fortune telling) |
| ㅂ | 바가지를 씌우다 (주: 바가지를 쓰다) | F | eyes roll around |
| ㅅ | 변덕이 죽 끓듯 하다 | G | to wear sunglasses |
| ㅇ | 색안경을 끼고 보다 | H | to put on a dipper on someone's head (vi.: to put on a dipper on one's own head) |
| ㅈ | 직성이 풀리다 | I | to have whims like boiling porridge |
| ㅊ | 파리를 날리다 | J | does not hurt even if put in the eye |

## 어휘와 표현

**~에 따라** depending on –
**~을까 하다가** to think of doing –
**~을지도 모르다** might (be) –
**가격이 오르다** prices go up
**결정되다** to be decided
**경기가 안 좋다** business or economy is bad
**더 낫다** to be better
**돈이 들다** to cost money
**동네** town
**맡아보다** to take charge of
**백화점** department store
**변화** change
**별** star
**사고방식** way of thinking
**사치스럽다** to be excessively extravagant
**새로 생기다** to be newly opened
**생겨나다** to be formed
**세일** sale
**소중하다** to be valuable
**운명** fate
**정가** regular price
**학생용** for (the use of) students
**후회하다** to regret

## 핵심표현 익히기 뜻을 영어와 한국어로 확인하고, 여러분의 생각과 비교해 보세요.

**눈독을 들이다**
to strongly desire to possess something or someone
욕심을 내어 눈여겨보다.

**눈에 넣어도 아프지 않다**
to cherish or treasure (children)
매우 귀엽거나 귀하게 여기다. (주로 부모가 자녀에게 쓰는 말)

**눈이 돌아가다**
① to lose one's reason because of anger ② to concentrate on something with extreme interest
① 놀라서 격분하여 정신이 없어지다. ② 지나치게 관심을 가지고 집중하다.

**등골을 뽑다**
to squeeze money or energy out of a person
남의 재물을 써 버리게 하거나 남을 몹시 고생스럽게 하다.

**무릎을 치다**
① to bitterly regret ② to suddenly have a good idea
① 어떤 일에 대해서 깊히 뉘우치며 후회하다. ② 갑자기 어떤 놀라운 사실을 알게 되었거나 희미한 기억이 되살아날 때, 또는 몹시 기쁠 때.

**바가지를 씌우다 (주: 바가지를 쓰다)**
to price something unreasonably (vi.: to be ripped off)
요금이나 물건값을 실제 가격보다 비싸게 내게하고 손해를 보게 하다. (주: 물건값을 비싸게 내고 손해를 보다.)

**변덕이 죽 끓듯 하다**
to keep changing (one's) mind
말이나 행동을 몹시 이랬다저랬다 하다.

**색안경을 끼고 보다**
to see someone or something from a biased perspective
주관이나 선입견에 얽매여 좋지 않게 보다.

**직성이 풀리다**
to feel satisfied because something wished for has come true
자기가 원하는 대로 되어 만족스럽다.

**파리를 날리다**
business is slow (usually for stores or restaurants)
영업이나 사업 등이 잘 안되어 한가하다. 손님이 없다.

### 어휘와 표현

**격분하다** to be furious
**고생스럽게 하다** to give a hard time
**귀엽다** to be cute or pretty
**귀하게 여기다** to treasure
**기억** memory
**눈여겨보다** to observe carefully
**뉘우치다** to repent
**되살아나다** to revive
**만족스럽다** to be satisfied, to be satisfactory
**선입견** prejudice
**손해를 보다** to suffer a loss
**실제** reality
**얽매이다** to be bound
**영업** sales, business
**이랬다저랬다** to blow hot and cold
**재물** property
**주관** subjectivity
**지나치게** excessively
**한가하다** to be free
**후회하다** to regret
**희미하다** to be faint

## 연습문제를 풀어 보세요

**STEP 1** 영어로 된 아래의 설명에 해당하는 한국어 관용어를 적어 보세요.

01 to feel satisfied because something wished for has come true

___

02 business is slow (usually for stores or restaurants)

___

03 to strongly desire to possess something or someone

___

04 to cherish or treasure (children)

___

05 to keep changing (one's) mind

___

06 to see someone or something from a biased perspective

___

07 to squeeze money or energy out of a person

___

08 to price something unreasonably

___

09 to lose one's reason because of anger / to concentrate on something with extreme interest

___

10 to bitterly regret / to suddenly have a good idea

___

STEP 2 아래 예문에 알맞은 관용어를 채워 대화를 완성해 보세요.

01 가 수진 씨랑 같이 사진 찍은 이 아이는 누구예요?
나 제 조카예요. 너무 예쁘지요? 이제 세 살이 됐어요.
가 정말 귀엽네요. 제 눈에도 이렇게 귀엽고 예쁜데 부모님한테는 ________________ 것 같아요.

02 가 한국에서는 수입 브랜드의 겨울 재킷이 정말 비싸다면서요?
나 네, 재킷 하나에 100만 원이 넘는대요. 그런데 학생들이 모두 그 옷을 입고 싶어 하는 게 문제예요.
가 정말 비싸네요. 그런 옷을 사 달라고 하는 건 부모님들 ________________는 거죠.

03 가 요즘 태블릿 PC를 하나 사려고 하는 데 뭐가 좋은지 잘 모르겠어요.
나 제가 요즘 ________________고 있는 게 하나 있는데, 같이 사러 갈까요?

04 가 새로 문 연 아웃렛에 가보셨어요? 굉장히 큰 것 같던데…….
나 네, 지난번에 한번 가봤는데 가게들이 문을 다 안 열어서 그런지 사람들이 별로 없었어요.
가 제 친구도 어제 갔었는데 사람들이 너무 없어서 가게들이 ________________고 있었대요.

05 가 지훈 씨 요즘 무슨 일 있어요? 기분이 영 안 좋아 보이던데…….
나 당분간 지훈이 절대 건드리지 마세요. 얼마 전에 사귀던 여자친구가 헤어지자고 해서 지금 완전히 ________________.
가 그렇군요. 3년 동안이나 사귀었으니 그렇게 화가 날 만도 하네요.

06 가 지난 학기 한국어 성적 잘 받았어요?
나 아니요. A를 받아야 하는데 A-를 받아서 ________________지 않아요.
다음 학기에는 꼭 A 학점을 받을 거예요.

07 가 요즘 운동을 너무 안 해서 그런지 건강이 더 안 좋아졌어요.
나 더 늦기 전에 운동을 해야지요. 나중에 ________________고 후회하면 안 되잖아요.

08 가 그 가방 제 거랑 똑같은데 얼마 주고 샀어요?
나 20만 원이요. 지은 씨는요?
가 저는 15만 원 주고 샀는데요. 아무래도 가게 주인이 수지 씨한테 ________________ 것 같네요.

09 가 대학 졸업하고 뭐 할지 결정했어요?
나 아니요, 아직이요. 대학원에 가고 싶다가도 취직하는 게 좋을 것 같기도 하고. ________________서 저도 제 마음을 잘 모르겠어요. 뭐 하나로 정하기가 좀 어렵네요.

10 가 보통 따뜻한 지역에 사는 사람들은 게으른 편이고 추운 데 사는 사람들은 더 부지런하지요?
나 아니에요. 그렇게 ________________사람들을 판단하면 안 돼요. 그런 편견을 없애야 해요.

**어휘와 표현**

건드리다 to bother
게으르다 to be lazy
결정하다 to decide
넘다 to exceed
부지런하다 to be diligent
수입 import
아웃렛 outlet store
정하다 to determine
조카 nephew/niece
지역 area
태블릿 (digital) tablet
판단하다 to judge
편견 bias
학점 grade
후회하다 to regret

## 친구와 함께 해요

- 친한 친구나 가족을 인터뷰하고 아래 표를 완성해 보세요.

| 질문 | 친구 이름: | 친구 이름: |
|---|---|---|
| ______씨가 요즘 눈독을 들이고 있는 게 뭐예요? 그리고 그 이유가 뭐예요? | | |
| 부모님 등골을 뽑으면서까지 외국으로 유학 가는 학생들을 어떻게 생각해요? | | |
| ______씨는 여행 가서 바가지를 쓴 적이 있어요? | | |

- 이 과에서 배운 관용어를 사용해서 아래 그림의 상황을 짧게 설명해 보세요.

예 게임하는 데 눈이 돌아가서 아기는 뒷전(not a priority)이에요.

# Unit 23 미역국을 먹었어요

*failed*

## 읽어봅시다

스티브 민지 씨, 유진 씨 소식 들었어요?

민지 무슨 소식이요?

스티브 유진 씨가 공무원 시험에서 또 [1]미역국을 먹었대요.

민지 그래요? 이번에는 유진 씨가 정말 열심히 공부해서 꼭 합격할 줄 알았는데……. 이번이 세 번째였지요?

스티브 네, 유진 씨 부모님께서 이제 포기하고 집으로 내려와서 아버님 일을 도우라고 하시나 봐요. 그게 더 큰 고민이에요.

민지 공무원 시험 보려고 4년이나 준비했는데 그 노력이 다 [2]말짱 도루묵이 됐네요.

스티브 4년 동안 부모님께서 열심히 뒷바라지해 주셨는데 세 번이나 떨어졌으니 이제 [3]싹수가 없다고 생각하시는 것도 무리는 아니지요. [4]눈에 흙이 들어가도 더 이상 혼자 서울에 내버려 둘 수 없다고 하셨대요.

Steve Minji, did you hear the news about Yoojin?

Minji What news?

Steve Yoojin [1]failed her civil service examination again.

Minji Really? I thought Yoojin would definitely pass the exam this time since she studied so hard. This is her third time, right?

Steve Yes, and Yoojin's parents want her to give up and return home to help with her father's business. That's what's more worrying.

Minji She prepared for four years for the civil service examination. Her efforts will have been [2]utterly in vain.

Steve Her parents did their best to support her these past four years. It's not inconceivable for them to think [3]there's no hope, considering she's already failed three times.

| | | | |
|---|---|---|---|
| 민지 | 유진 씨는 이번에 꼭 합격해서 남자친구와 결혼하려고 계획도 세웠었는데……. | | They said they can't just leave her in Seoul by herself anymore, [4]no matter what. |
| 스티브 | 글쎄 말이에요. 유진 씨가 [5]김칫국을 마신 거죠. 시험에 꼭 붙고 결혼할 거라면서 군대 간 남자친구를 [6]고무신도 거꾸로 신지 않고 기다렸잖아요. 어쨌든 올해 우리가 유진 씨 덕분에 [7]국수를 먹기는 힘들어진 것 같아요. | Minji | Yoojin was planning to marry her boyfriend after passing the exam this time. |
| 민지 | 그런데 그 남자친구는 군대에 [8]말뚝을 박았다고 하지 않았어요? | Steve | Exactly. Yoojin was [5]getting ahead of herself. She even [6]waited faithfully throughout her boyfriend's military service, saying that she would pass the exam and marry him. Anyways, it seems we won't be [7]getting a wedding invitation from her this year. |
| 스티브 | 그러려고 했는데 유진 씨가 싫어해서 제대하고 얼마 전에 무역 회사에 취직했대요. | Minji | But didn't her boyfriend say he wanted to [8]be a career soldier? |
| 민지 | 그래요? 그 정도 [9]구색을 맞춘 신랑감도 없어요. 요즘 취직하기는 또 얼마나 힘들어요? | Steve | He was going to, but Yoojin didn't like the idea, so he got a job in a trading company soon after his discharge. |
| 스티브 | 맞아요. 유진 씨가 [10]눈에 콩깍지가 씐 게 아니라 정말 좋은 사람이에요. | Minji | Really? He's quite the [9]well-rounded mate, then. It's really hard to find a job these days. |
| | | Steve | That's right. It isn't that Yoojin is [10]blinded by love. Her boyfriend is a genuinely great guy. |

## 워밍업퀴즈 아래 관용어들을 직역(Literal meaning) 하면 무슨 뜻인지 찾아 연결하세요.

| | | | | |
|---|---|---|---|---|
| ㄱ | 고무신을 거꾸로 신다 | • | • A | to eat noodles |
| ㄴ | 구색을 맞추다 | • | • B | bean pods are stuck to the eyes |
| ㄷ | 국수를 먹다 | • | • C | there are no sprouts to grow leaves (ant.: there are sprouts to grow leaves) |
| ㄹ | 김칫국을 마시다 | • | • D | totally a chunk of acorn jelly |
| ㅁ | 눈에 콩깍지가 씌다 | • | • E | to wear rubber shoes backward |
| ㅂ | 눈에 흙이 들어가다 | • | • F | dirt goes into the eyes |
| ㅅ | 말뚝을 박다 | • | • G | to eat seaweed soup |
| ㅇ | 말짱 도루묵 | • | • H | to be varied, to provide an assortment |
| ㅈ | 미역국을 먹다 | • | • I | to hammer a post into the ground |
| ㅊ | 싹수가 없다 (반: 싹수가 있다) | • | • J | to drink kimchi soup |

## 어휘와 표현

~을 줄 알다 I thought –
계획을 세우다 to make a plan
공무원 시험 civil service exam
군대 army
글쎄 말이에요 that's true
내려오다 to come down
내버려 두다 to leave someone alone
노력 effort
돕다 to help
뒷바라지 support
떨어지다 to fail
무리는 아니다 to have good reasons
무역회사 trading company
소식 news
시험에 붙다 to pass an exam
신랑감 suitable bridegroom
어쨌든 anyway
제대하다 to be discharged from military duty
합격하다 to pass (a test)
힘들어지다 to become difficult

## 핵심표현 익히기 뜻을 영어와 한국어로 확인하고, 여러분의 생각과 비교해 보세요.

### 고무신을 거꾸로 신다
to break up with someone (usually describes a woman informing her husband or boyfriend that she is leaving him for a new lover)
여자가 사귀던 남자와 일방적으로 헤어지다.

### 구색을 맞추다
to have a good balance of characteristics, to be well-rounded
여러 가지가 고루 갖추어지게 하다.

### 국수를 먹다
to be invited to a wedding
(결혼식 피로연에서 흔히 국수를 대접하는 데서 온 말로) 결혼식에 초대받은 일을 비유적으로 표현한 말.

### 김칫국을 마시다
to count one's chickens before they hatch
해 줄 사람은 생각하지도 않는데 미리부터 다 된 일로 알고 행동한다.

### 눈에 콩깍지가 씌다
to be blinded by love
사랑에 빠져 사물을 정확하게 보지 못하다. 모든 것이 좋게 보이다.

### 눈에 흙이 들어가다
to die and be buried
죽어 땅에 묻히다.

### 말뚝을 박다
① to keep a certain position for a long time ② to become a career soldier
① 어떤 지위에 오랫동안 머무르다. ② 의무로 입대한 군인이 복무 기한을 마치고도 계속 남아서 직업 군인이 되다.

### 말짱 도루묵
totally in vain, ultimately useless
수고나 노력이 아무 성과 없이 끝나다.

### 미역국을 먹다
① to fail an exam ② to fail to be promoted
① 시험에서 떨어지다. ② 진급에서 떨어지다.

### 싹수가 없다 (반: 싹수가 있다)
to show little potential or hope from the outset (ant.: to show promise of success)
잘 될 가능성이나 희망이 처음부터 보이지 않다. (반: 잘 될 낌새나 징조가 보이다.)

#### 어휘와 표현

**가능성** possibility
**갖추어지다** to be equipped with
**고루** evenly
**군인** soldier
**노력** effort
**대접하다** to treat
**땅에 묻히다** to be buried in the ground
**떨어지다** to fail
**마치다** to finish
**머무르다** to stay
**미리** in advance
**복무 기한** service limit
**사랑에 빠지다** to fall in love
**성과** outcome
**수고** effort
**의무** duty
**일방적으로** unilaterally
**입대하다** to join the army
**정확하게** precisely
**지위** status
**직업 군인** professional soldier, career soldier
**진급** promotion
**초대받다** to be invited
**피로연** reception
**희망** hope

## 연습문제를 풀어 보세요

**STEP 1** 영어로 된 아래의 설명에 해당하는 한국어 관용어를 적어 보세요.

01 to show little potential or hope from the outset.

02 to have a good balance of characteristics, to be well-rounded

03 to fail an exam / to fail to be promoted

04 totally in vain, ultimately useless

05 to betray or cheat on one's boyfriend or husband while he is in military service

06 to be invited to a wedding

07 to be blinded by love

08 to die and be buried

09 to count one's chickens before they hatch

10 to keep a certain position for a long time / to become a career soldier

STEP 2 아래 예문에 알맞은 관용어를 채워 대화를 완성해 보세요.

01 가 남자친구가 군대에 가 있는 2년 동안 어떻게 기다렸어요?
나 사실 좀 외롭기는 했는데 그래도 의리를 지키려고 ______________지 않고 기다렸어요. 2년이 금방 지나가던데요.

02 가 우리 손주는 이번에도 또 대학에 떨어졌나?
나 아직 아무 연락이 없는 걸 보니 아마 그런 것 같아요.
가 그 녀석은 어려서부터 똑똑하고 공부도 잘해서 크게 될 ______________는 놈이라고 생각했는데 대체 무슨 일인지……. 너무 들어가기 힘든 학교에만 지원하는 거 아닌가?

03 가 M 방송국 시험은 잘 봤어요? 지난번 K 방송국 시험에서는 너무 떨어서 잘 못했었잖아요.
나 이번에도 너무 떨어서 아무래도 또 ______________을 것 같아요. S 방송국이 남았으니까 이번에는 떨지 말고 잘해야지요.

04 가 진수 씨는 정말 책을 많이 읽는 것 같아요. 지난번에 빌려 간 책들을 벌써 다 읽은 거예요?
나 네, 책을 워낙 좋아해서 많이 읽기는 하는데 기억에 남는 게 별로 없어서 ______________이에요. 왜 그런지 요즘에는 책을 읽어도 금방 잊어버리네요.

05 가 가수 오디션을 보기로 한 거 부모님께 잘 말씀드렸어요?
나 네, 그런데 아버지께서 ______________도 가수는 절대 안 된다고 하세요. 일단 대학에 먼저 합격하고 다시 말씀드려 보려고요.

06 가 저 이번에 취직되면 여름 휴가 때 꼭 동남아로 해외여행 갈 거예요. 생각만 해도 벌써 신나요.
나 아직 취직도 안 됐는데 벌써 ______________는 거예요? 요즘 취직하기가 진짜 어려운데……. 계획한 대로 잘되기를 바래요.

07 가 수지 씨와 마이클 씨는 벌써 오랫동안 사귀었는데 도대체 언제쯤 결혼한대요?
나 아마 올해 수지 씨가 대학원 졸업하면 할 것 같아요.
가 드디어 ______________을 날이 머지않았군요. 정말 잘됐네요.

08 가 이 집 인테리어 비용이 얼마나 들었어요?
나 처음에는 간단하게 하려고 했는데 이것저것 ______________다 보니까, 1000만 원이 훌쩍 넘게 들었어요.
가 한 군데 손을 대면 다른 곳도 눈에 거슬리니까 결국 다 하게 돼요.

09 가 요즘에는 잘 다니던 회사를 그만두고 몇 번씩 다른 데로 옮기는 사람들이 참 많아졌지요?
나 예전에는 은퇴할 때까지 한 회사에 ______________는 경우가 많았는데 요즘에는 회사를 옮기는 게 아주 자연스러운 일이 되었어요.

10 가 제 눈에는 저 가수가 별로 예쁘지 않은데 그렇게 인기가 많다면서요?
나 그래요? 저는 ______________었나 봐요. 제 눈에는 예쁘게 보이는데요. 그리고 노래를 잘하잖아요. 요즘 저렇게 노래 잘하는 가수들이 많지 않아요.

**어휘와 표현**

- 계획하다 to make a plan
- 군대 army
- 기억에 남다 to remain in one's memory
- 눈에 거슬리다 to be bothersome
- 대체 ever
- 동남아 Southeast Asia
- 비용 cost
- 손을 대다 to work on
- 손주 grandchildren
- 신나다 to be excited
- 어쨌든 anyway
- 예전에는 in the old days
- 옮기다 to move
- 외롭다 to be lonely
- 은퇴하다 to retire
- 의리 loyalty
- 인테리어 interior design
- 일단 first
- 자연스럽다 to be natural
- 지원하다 to apply for
- 해외여행 overseas trip
- 훌쩍 넘다 to go way beyond

## 친구와 함께 해요

○ 친한 친구나 가족을 인터뷰하고 아래 표를 완성해 보세요.

| 질문 | 친구 이름: | 친구 이름: |
|---|---|---|
| ________씨는 남자친구가 군대에 간 동안 고무신을 거꾸로 신지 않겠다고 약속할 수 있을 것 같아요? 또는 여자친구에게 고무신을 거꾸로 신지 말라고 강요할 수 있을까요? | | |
| ________씨 친구 중에서 시험 결과를 아직 모르는데 먼저 김칫국을 마시는 사람이 있다면 어떤 말을 해 주고 싶어요? | | |
| 어렸을 때는 싹수가 없다는 말을 들었지만 결국 성공한 사람은 누가 있을까요? 왜 그렇게 생각하나요? | | |

○ 이 과에서 배운 관용어를 사용해서 아래 그림의 상황을 짧게 설명해 보세요.

예 신입사원들(new employees) 중에서도 '예스맨형(yes-man type)'들은 싹수가 있지만 '잔머리형(tricking / petty tricks)'들은 싹수가 없어요.

Unit 24

# 식은 죽 먹기예요

*a piece of cake*

## 읽어봅시다

스티브 민지 씨, 졸업 논문 어떻게 쓸지 대충 [1]가닥을 잡았어요?

민지 네, 논문 주제는 정했고 이제 [2]기를 쓰고 써야지요.

스티브 혹시 도움이 필요하면 언제든지 알려 주세요. 제가 [3]발 벗고 나서서 도와줄게요.

민지 그렇지 않아도 외국인 학생들 인터뷰를 해야 해서 [4]발이 넓은 스티브 씨에게 부탁하려고 했어요.

스티브 외국인 학생들을 소개해 주는 건 [5]식은 죽 먹기예요. 또 다른 건 없어요?

민지 정말이요? 말만 들어도 너무 고마워서 [6]콧등이 시큰해지는데요.

Steve Minji, do you [1]have an idea of how you will write your graduation thesis?

Minji Yes, I chose my topic, and now I have to [2]do my best to write it.

Steve If you need help just let me know. I will [3]help with whatever you need.

Minji Actually, I need to interview foreign students. I was going to ask you for help because you [4]have a lot of connections.

Steve That'll be [5]a piece of cake. Is there anything else?

Minji Really? Just hearing that makes me [6]feel so touched.

스티브 그건 그렇고 이번 주에 같이 클럽 갈래요? 새로 생긴 클럽이 7물이 진짜 좋대요!

민지 에이, 저는 안 갈래요. 춤을 너무 못 춰서 클럽에 가면 늘 8개밥에 도토리예요.

스티브 아니에요, 민지 씨가 얼마나 춤을 잘 추는데요. 아마추어가 그 정도면 정말 훌륭하죠.

민지 괜히 9비행기 태우지 마세요. 저 춤 잘 못 추는 거 다 알아요. 스티브 씨도 지난번에 제가 춤추는 거 보고 10배꼽을 잡았잖아요!

Steve That takes care of that. Hey, want to go check out a new club this week? I heard the place 7has lots of hot people!

Minji Nah, I'll pass. I'm so bad at dancing that when I go to a club, I'm a total 8outcast.

Steve You don't realize how well you dance. For an amateur, you're great.

Minji Now you're 9just flattering me. I really can't dance well. Last time when you saw me dance, you were 10dying of laughter!

## 워밍업퀴즈 아래 관용어들을 직역(Literal meaning) 하면 무슨 뜻인지 찾아 연결하세요.

| | | | |
|---|---|---|---|
| ㄱ | 가닥을 잡다 | A | to call forth all of one's energy |
| ㄴ | 개밥에 도토리 | B | eating a bowl of cold porridge |
| ㄷ | 기를 쓰다 | C | an acorn in dog food |
| ㄹ | 물이 좋다 | D | the ridge of one's nose throbs |
| ㅁ | 발 벗고 나서다 | E | to volunteer with bare feet |
| ㅂ | 발이 넓다 | F | one's feet are wide |
| ㅅ | 배꼽을 잡다 | G | to hold a strand |
| ㅇ | 비행기를 태우다 | H | to give someone a plane ride |
| ㅈ | 식은 죽 먹기 | I | to grab one's bellybutton |
| ㅊ | 콧등이 시큰해지다 | J | the water is of good quality |

### 어휘와 표현

~려고 하다 to intend to –
괜히 in vain
그건 그렇고 by the way
그렇지 않아도 in fact
논문 thesis
대충 roughly
부탁하다 to ask for
소개하다 to introduce
주제 topic
필요하다 to need
훌륭하다 to be great

## 핵심표현 익히기 뜻을 영어와 한국어로 확인하고, 여러분의 생각과 비교해 보세요.

### 가닥을 잡다
to have a good grasp or sense of
일이 되어가는 상황이나 분위기를 논리적으로 이해하고 바로잡다.

### 개밥에 도토리
an outcast, an ostracized person
(개는 도토리를 먹지 않기 때문에 밥 속에 있어도 먹지 않고 남긴다는 뜻에서) 따돌림을 받아서 여러 사람 사이에 끼지 못하는 사람을 비유적으로 이르는 말.

### 기를 쓰다
to try one's best
있는 힘을 다하다.

### 물이 좋다
a club or a bar has great atmosphere
술집이나 나이트클럽 등의 분위기가 좋다.

### 발 벗고 나서다
to volunteer with an active attitude
어떤 일에 적극적으로 행동하다.

### 발이 넓다
to have a wide network of connections
아는 사람이 많아 활동 범위가 넓다.

### 배꼽을 잡다
to hold one's sides with laughter
웃음을 참지 못하여 배를 움켜잡고 크게 웃다.

### 비행기를 태우다
to praise someone excessively
남을 지나치게 칭찬하거나 높이 추어올려 주다.

### 식은 죽 먹기
a piece of cake
어떤 일을 어려움 없이 아주 쉽게 하는 모양.

### 콧등이 시큰해지다
to be touched, to be moved to tears
어떤 일에 감격하거나 슬퍼서 눈물이 나오려 하다.

### 어휘와 표현
**감격하다** to be moved
**끼다** to be involved
**남기다** to leave
**논리적으로** logically
**눈물이 나오다** tear up
**도토리** acorn
**따돌림을 받다** to be left out
**바로잡다** to correct
**술집** pub
**움켜잡다** to grasp
**적극적으로** actively
**추어올리다** to preach, to raise up
**활동 범위** sphere of activity

## 연습문제를 풀어 보세요

STEP 1 영어로 된 아래의 설명에 해당하는 한국어 관용어를 적어 보세요.

01 to try one's best

02 to volunteer with an active attitude

03 to have a wide network of connections

04 to praise someone excessively

05 to be touched, to be moved to tears

06 a piece of cake

07 to hold one's sides with laughter

08 an outcast, an ostracized person

09 to have a good grasp or sense of

10 the atmosphere at a club or at a bar is great

STEP 2 아래 예문에 알맞은 관용어를 채워 대화를 완성해 보세요.

01 가 오늘 한국어 수업 시간에 공기놀이를 했어요. 재미있기는 한데 조금 어렵던데요.
나 그래요? 많이 안 해봐서 그럴 거예요. 저는 어릴 때부터 친구들하고 많이 해서 공기놀이는 ____________예요. 눈 감고도 할 수 있어요.

02 가 마크 씨, 왜 혼자 있어요? 다들 운동장에서 농구를 하고 있는데.
나 저는 농구를 별로 안 좋아해요. 그래서 안 한다고 했어요.
가 그렇게 ____________처럼 혼자 있지 말고 나가서 같이 농구하세요. 자꾸 같이 어울려야 빨리 친구가 생기지요.

03 가 가수 지망생들이 유명 대형 기획사에만 들어가려고 하는 이유가 뭐예요?
나 그래야 빨리 텔레비전 프로그램에 출연할 수 있기 때문이지요.
가 아, 그래서 그렇게 ____________고 SM이나 JYP에 들어가려고 하는군요.

04 가 그 살인 사건은 아직도 해결이 안 되었대요?
나 범인의 지문을 채취해서 이제 슬슬 ____________아가고 있는 것 같아요. 하나씩 조사하다 보면 범인이 누군지 곧 알게 되겠죠.

05 가 저 지금 홍대 앞에 있는 K 클럽에 갈 건데 같이 갈래요?
나 요즘 거기 가자고 하는 사람들 많던데 K 클럽이 특별히 좋은 무슨 이유가 있어요?
가 요즘엔 K 클럽이 제일 ____________거든요. 정말 멋있는 사람들이 많이 오더라고요. 가끔 유명한 연예인들도 오고요.

06 가 스티브 씨, 오늘 어디 가세요? 정장 차림이 너무 멋있어서 무슨 특별한 일이 있는 줄 알았어요.
나 에이, 너무 ____________지 마세요. 몇 주 동안 너무 바빠서 빨래를 못 했더니 입을 옷이 없어서 그냥 입고 왔어요.

07 가 뉴스를 보니까 요즘 학교에서 왕따 문제가 정말 심각한가 봐요.
나 그래서 우리 동네 중학교에서는 학교와 선생님들이 ____________서 왕따 문제를 해결하기로 했대요.

08 가 방학 동안 부모님 뵈러 집에 잘 다녀왔어요?
나 네. 일 년 만에 부모님을 공항에서 만나니까 갑자기 ____________더라고요. 눈물 날 뻔했어요.

09 가 진수 씨는 왜 이렇게 웃겨요? 어렸을 때부터 이렇게 재미있었어요?
나 말도 마세요. 진수는 어렸을 때부터 하도 말을 재미있게 해서 듣는 사람들이 모두 ____________았었어요. 진짜 유머 감각이 풍부해요.

10 가 수현 씨는 친구가 정말 많은 것 같아요.
나 그러게요. 수현 씨는 어디에 가도 아는 사람을 꼭 한 명은 만나더라고요. 정말 ____________은 것 같아요.

**어휘와 표현**

- **가수 지망생** aspiring singer
- **공기놀이** game of pebbles
- **그러게요** I suppose
- **기획사** management agency
- **눈 감다** to close one's eyes
- **눈물 나다** to tear up
- **대형** large
- **범인** criminal
- **뵙다** to meet (honorific)
- **빨래를 하다** to do the laundry
- **살인 사건** murder case
- **심각하다** to be serious
- **어울리다** to hang out
- **왕따 문제** bullying problem
- **유머 감각** sense of humor
- **이유** reason
- **정장 차림** formal attire
- **조사하다** to investigate
- **지문** fingerprint
- **채취하다** to take, to collect
- **출연하다** to appear (on TV)
- **특별히** specially
- **풍부하다** to be abundant
- **해결되다** to be resolved

## 친구와 함께 해요

◎ 친한 친구나 가족을 인터뷰하고 아래 표를 완성해 보세요.

| 질문 | 친구 이름: | 친구 이름: |
|---|---|---|
| _______씨는 개밥에 도토리 신세라고 느낀 적이 있어요? 있다면 언제였어요? | | |
| 요즘 대학생들이 물이 좋다고 하는 곳이 어디인지 혹시 알아요? | | |
| _______씨한테 발표 수업은 식은 죽 먹기인가요? 아니면 스트레스인가요? | | |

◎ 이 과에서 배운 관용어를 사용해서 아래 그림의 상황을 짧게 설명해 보세요.

예 지진 피해(earthquake damage)가 났을 때 사람들이 발 벗고 나서서 도왔어요.

# 죽이 잘 맞아요

*go well together*

'죽이 맞다'는 '서로 뜻이 맞다'의 의미를 나타냅니다. 여기서 '죽'은 수량을 나타내는 말 뒤에 쓰여 옷, 그릇 따위의 열 벌을 묶어 이르는 말입니다. 예 버선 한 죽, 접시 두 죽

## 읽어봅시다

민지 어제 뉴스 봤어요? 40대 가장이 회사 간다고 나가서 5개월 동안 아침마다 빈집을 털었대요.

스티브 그래요? 정말 [1]기가 막히네요. 왜 그랬을까요?

민지 회사에서 해고당한 사실을 가족에게 숨기고 싶었나 봐요. 부인이 계속 돈 많이 안 벌어온다고 [2]바가지를 긁었대요. 그래서 어쩔 수 없이 도둑질을 했대요.

스티브 요즘 정말 황당한 일들이 많네요. 민지 씨, 제 친구 영훈이 알죠? 영훈이 아내가 [3]바람을 피워서 작년에 이혼을 했어요.

Minji Did you watch the news yesterday? The head of a household in his forties has been burglarizing empty houses for 5 months while pretending to go work.

Steve Really? [1]That's shocking. Why did he do that?

Minji It seems that he wanted to hide the fact that he got fired from his company. And his wife [2]kept nagging him about not earning enough money. He said he robbed houses because he didn't have any other option.

Steve There are so many absurd things these days. You know my friend, Younghoon, right?

결혼할 때는 4봉을 잡았다고 5어깨를 으쓱거릴 정도로 아주 좋아했는데…….

민지 진짜요? 지난번에 만났을 때는 두 사람이 아주 6깨가 쏟아졌었는데요……. 그리고 영훈 씨도 아내가 요리를 잘한다고 7입에 침이 마르도록 칭찬했잖아요.

스티브 맞아요. 두 사람이 정말 8죽이 잘 맞기는 했어요. 아마 그때는 아내가 바람을 피우는 줄 몰랐을 거예요.

민지 영훈 씨 부인이 9호박씨를 깐 거예요?

스티브 뭐, 저도 잘 모르지만 영훈이는 그 사실을 아주 나중에 알았나 봐요.

민지 영훈 씨가 결혼에는 아주 10학을 뗐겠어요.

He divorced his wife last year because she 3cheated on him. He used to 5brag about 4finding such a great spouse when he got married.

Minji Really? The last time I met them, they 6were so happy together… And Younghoon 7went on and on praising his wife for her cooking skills.

Steve I know. They used to look like they were 8made for each other. Also, back then, he probably didn't know that his wife was cheating on him.

Minji So Younghoon's wife 9was pretending to be innocent?

Steve Well, I don't know that much about it, but it seems that Younghoon found out much later.

Minji Younghoon 10must be sick and tired of marriage now.

## 워밍업퀴즈 아래 관용어들을 직역(Literal meaning) 하면 무슨 뜻인지 찾아 연결하세요.

| | | | |
|---|---|---|---|
| ㄱ | 기가 막히다 | A | to blow wind |
| ㄴ | 깨가 쏟아지다 | B | to have 10 correct sets |
| ㄷ | 바가지를 긁다 | C | sesame seeds are poured out |
| ㄹ | 바람을 피우다 | D | mouth is dry of spit |
| ㅁ | 봉을 잡다 | E | to shrug one's shoulders |
| ㅂ | 어깨를 으쓱거리다 | F | to scratch a dipper |
| ㅅ | 입에 침이 마르다 | G | to shell pumpkin seeds |
| ㅇ | 죽이 맞다 | H | to get rid of malaria |
| ㅈ | 학을 떼다 | I | spirit is blocked |
| ㅊ | 호박씨를 까다 | J | to catch a phoenix |

## 어휘와 표현

~따위의 sort of ~
5개월 five months
가장 head of a household
나타내다 to express
도둑질을 하다 to steal
뜻이 맞다 to be like-minded
묶다 to tie up in a bundle
버선 Korean socks
부인 wife
빈집을 털다 to rob an empty house
수량 quantity
숨기고 싶다 to want to hide (something)
아내 wife
어쩔 수 없이 unwillingly
요리를 잘하다 to be good at cooking
이르다 to say
이혼하다 to divorce
죽 a unit of counting that means ten sets
칭찬하다 to compliment
해고당하다 to be fired
황당하다 to be absurd
회사 company

## 핵심표현 익히기 뜻을 영어와 한국어로 확인하고, 여러분의 생각과 비교해 보세요.

### 기가 막히다
① to be so surprised that one does not know how to respond ② to be great beyond words
① 어떤 일이 놀랍거나 언짢아서 어이없다. ② 어떻다고 말할 수 없을 만큼 좋다.

### 깨가 쏟아지다
to have lots of fun, to have a sweet relationship
몹시 아기자기하고 재미가 있다. (부부나 연인 사이에서만 가능)

### 바가지를 긁다
to henpeck one's husband
주로 아내가 남편에게 생활의 어려움에서 오는 불평과 잔소리를 심하게 하다.

### 바람을 피우다
to cheat on a lover or married partner
한 이성에게만 만족하지 않고 몰래 다른 이성과 관계를 가지다.

### 봉을 잡다
to come into an unexpected fortune
(상상 속에서만 존재하는 진귀한 봉황을 잡는다는 뜻으로) 매우 귀하고 훌륭한 사람이나 일을 얻다.

### 어깨를 으쓱거리다
to feel pleasure or satisfaction over something regarded as honorable or creditable to oneself
뽐내고 싶은 기분이나 떳떳하고 자랑스러운 기분이 되다.

### 입에 침이 마르다
to say something repeatedly
같은 말을 침이 마를 정도로 되풀이하다.

### 죽이 맞다
to have good chemistry, to get along well
서로 뜻이나 마음이 잘 맞다.

### 학을 떼다
to feel a strong aversion to, to be jaded
괴롭거나 어려운 상황을 벗어나느라고 어려움을 겪거나, 그것에 거의 질려 버리다.

### 호박씨를 까다
to pretend to be innocent, to act innocently
속마음이나 원래의 성격과는 다르게 얌전하거나 착하게 행동하다.

### 어휘와 표현

**겪다** to experience
**관계를 가지다** to have a relationship
**귀하다** to be valuable
**놀랍다** to be surprising
**되풀이하다** to repeat
**뜻이 맞다** to be of the same mind
**마르다** to dry
**만족하다** to be satisfied
**봉황** phoenix
**부부** husband and wife
**불평** complaint
**뽐내다** to brag
**상상** imagination
**속마음** one's true feelings
**심하게** terribly
**아기자기하다** to be charming
**얌전하다** to be well-behaved
**어이없다** to be dumbfounded
**언짢다** to be upset
**얻다** to aquire
**연인** lover
**이성** the opposite sex
**자랑스럽다** to be proud
**잔소리** nagging
**존재하다** to exist
**진귀한** rare and precious
**질리다** to be sick of
**침** saliva
**훌륭하다** to be excellent

## 연습문제를 풀어 보세요

STEP 1 영어로 된 아래의 설명에 해당하는 한국어 관용어를 적어 보세요.

01 to feel a strong aversion to, to be jaded

02 to pretend to be innocent, to act innocently

03 to have good chemistry, to get along well

04 to say something repeatedly

05 to be so surprised that one doesn't know how to respond / to be great beyond words

06 to have lots of fun, to have a sweet relationship

07 to henpeck one's husband

08 to come into an unexpected fortune

09 to feel pleasure or satisfaction over something regarded as highly honorable or creditable to oneself

10 to cheat on a lover or married partner

## STEP 2 아래 예문에 알맞은 관용어를 채워 대화를 완성해 보세요.

**01** 가 야! 30분이나 약속 시간에 늦으면 어떡해?
나 에이, 30분 정도는 늦을 수도 있지. 뭘 그걸 가지고 그래?
가 정말 ______________네. 늦었으면 먼저 미안하다고 사과를 해야지!
나 아이고, 그래 미안하다. 대신 내가 오늘 밥 살게. 그럼 됐지?

**02** 가 지난주 경제학 보고서 숙제 잘했어요?
나 그 보고서 쓰느라고 삼일 밤을 새웠더니 이제 경제학 공부는 더 하고 싶지 않아요.
가 하하, 그렇게 며칠 밤을 새웠으니 경제학에 ______________었을 만하네요.

**03** 가 어제 저녁에 초대해 주셔서 고마웠어요. 저희 부모님께서도 정말 즐거우셨대요.
나 뭘요. 어제 한국에 도착하셔서 피곤하셨을 텐데 와주셔서 감사해요.
가 부모님께서 지수 씨 요리 실력 칭찬을 ______________게 하셨어요.
나 그래요? 한국 음식을 좋아하셔서 정말 다행이네요.

**04** 가 지금까지 대충 우리가 같이해야 할 프로젝트에 대해 말씀드렸고, 혹시라도 이 계획에 대해 다른 의견이나 불만이 있으시면 지금 이 자리에서 말씀해 주세요.
나 앞으로 할 얘기가 생기면 직접 말씀드릴게요. 저도 뒤에서 ______________는 거 별로 좋아하지 않거든요. 그런데 지금은 특별히 이야기할 만한 게 없네요.

**05** 가 두 사람은 어렸을 때부터 친했어요?
나 네. 초등학교 때부터 같은 학교 다니면서 서로 ______________아서 항상 같이 놀러 다녔어요.

**06** 가 진수 씨가 대기업에 취직이 돼서 기분이 아주 좋은 것 같더라고요.
나 그러게요. 두 군데 모두 합격했대요. 요즘 취직하기가 여간 힘든 게 아닌데 ______________만하지요.

**07** 가 지훈 씨 와이프는 정말 사람이 괜찮네요. 집들이 음식 솜씨도 보통이 아니던데요.
나 그분 집안 살림도 잘하지만 성격도 착하고 좋은 직장에 다녀요. 학교 다닐 때 공부도 정말 잘했대요. 운 좋은 지훈이가 ______________은 거지요.

**08** 가 혹시라도 남편이 다른 여자를 만나면 어떻게 할 거예요?
나 만약 남편이 ______________면 당장 이혼할 거예요. 그런 사람을 평생 믿고 살기는 아무래도 어려울 거 같아요.

**09** 가 부장님, 아침부터 왜 그렇게 기분이 안 좋으세요?
나 아침부터 아내가 ______________어서 영 일할 기분이 아니네. 회사 일로 너무 피곤해서 주말 내내 낮잠을 좀 잤더니 그걸 못 참고…….

**10** 가 지난주 제주도 여행 어땠어요?
나 좋았어요. 제주도에 가니까 막 결혼해서 ______________는 신혼부부들이 많더라고요.

### 어휘와 표현

- **낮잠** nap
- **다행이다** to be fortunate
- **대기업** big company
- **더 이상** anymore
- **도착하다** to arrive
- **밤을 새우다** to stay up all night
- **보고서** paper, report
- **불만** dissatisfaction
- **사과하다** to apologize
- **살림** housekeeping
- **신혼부부** newlyweds
- **여간 ~지 않다** very
- **영** at all
- **요리 실력** cooking ability
- **운 좋다** to be lucky
- **의견** opinion
- **이혼하다** to divorce
- **직접** directly
- **집들이** housewarming party
- **평생** all one's life
- **피곤하다** to be tired
- **항상** always
- **혹시라도** by any chance

## 친구와 함께 해요

- 친한 친구나 가족을 인터뷰하고 아래 표를 완성해 보세요.

| 질문 | 친구 이름: | 친구 이름: |
|---|---|---|
| ________씨는 어떤 일이나 사람한테 학을 뗀 적이 있어요? 있다면 이유는 뭐예요? | | |
| ________씨는 친구가 바람을 피우는 것을 알게 되었다면 어떤 충고를 해 줄 것 같아요? | | |
| ________씨가 어렸을 때 부모님께서 입에 침이 마르게 칭찬하신 일이 있었어요? 어떤 일이 었어요? | | |

- 이 과에서 배운 관용어를 사용해서 아래 그림의 상황을 짧게 설명해 보세요.

예 내 친구는 봉 잡았어요. 약혼자(fiancé(e))가 마음씨도 따뜻하고 친절한 사람이에요.

Unit 26

# 어처구니가 없어요

*it's just dumbfounding*

'어처구니가 없다'에서 '어처구니'의 어원에는 두 가지가 있는데 첫 번째는 '상상 밖의 엄청나게 큰 사람이나 사물'을 뜻하고, 두 번째는 '궁궐이나 성문 등의 기와지붕에 얹는 사람이나 동물 모양의 토우'를 뜻합니다. 전통 한옥의 지붕에 세워 놓은 동물 모양의 조각이 없으면 집에 화가 닥칠 수 있기 때문에 당혹스러운 상황이 되는 것입니다.

## 읽어봅시다

스티브 민지 씨, 왜 그렇게 [1]맥이 풀려 있어요?

민지 어제 기말 프로젝트 발표가 있었는데, 보고서를 프린트해서 가지고 오기로 했던 지나가 수업에 늦게 와서 점수가 깎였어요. 게다가 제출해야 할 보고서도 안 가지고 온 거 있죠? 전 [2]밴댕이 소갈머리인가 봐요. 지나 때문에 점수가 깎여서 [3]속이 터져요.

스티브 민지 씨가 열심히 준비했는데 지나 씨가 [4]산통을 깼으니 그럴 만하네요.

Steve Minji, why do you [1]look so drained?

Minji I had a final presentation yesterday and was deducted because my partner Gina, who had said she would print out and bring the report, was late. Also, she didn't even bring the report. I must [2]be really petty. I'm [3]so frustrated that I got points taken off because of her.

Steve It makes sense. You worked so hard but Gina [4]botched things up.

| | | | |
|---|---|---|---|
| 민지 | 어떻게 보고서를 안 가지고 올 수가 있어요? 정말 [5]어처구니가 없었어요. | Minji | How could she not bring the report? That [5]was just dumbfounding. |
| 스티브 | 그래도 발표는 잘했죠? | Steve | Did the presentation go well at least? |
| 민지 | 아니요, 발표도 [6]죽을 쒔어요. 지나가 너무 늦게 와서 저도 당황했거든요. 너무 못해서 [7]쥐구멍이라도 찾고 싶었어요. | Minji | No, the presentation [6]was a mess. Gina came so late that I was also flustered. We did so badly that I wanted to [7]hide from embarrassment. |
| 스티브 | 민지 씨가 밤을 새워가면서 열심히 준비했는데 안 됐네요. 저도 발표 수업은 [8]신물이 나게 많이 했잖아요. 근데 그러다 보니까 다른 사람들이랑 일을 점점 더 잘하게 되더라고요. | Steve | That's too bad. You stayed up all night preparing. I did enough presentations to make me completely [8]sick of them. But along the way, I found it got easier to work with people. |
| 민지 | 지나랑 저랑은 왠지 [9]고양이와 개 사이 같아요. 다음번 발표는 절대 같이 안 할 거예요. | Minji | Gina and I [9]don't get along at all. I am never going to do another presentation with her. |
| 스티브 | 하하, 그래도 민지 씨는 [10]귀가 얇아서 지나 씨가 또 같이하자고 하면 할 걸요. | Steve | Haha, well you [10]are easily persuaded, so you might work with Gina if she asks you again. |

## 워밍업퀴즈 아래 관용어들을 직역(Literal meaning) 하면 무슨 뜻인지 찾아 연결하세요.

| | | | |
|---|---|---|---|
| ㄱ | 고양이와 개 | A | temper of a large-eyed herring |
| ㄴ | 귀가 얇다 | B | to have heartburn |
| ㄷ | 맥이 풀리다 | C | cats and dogs |
| ㄹ | 밴댕이 소갈머리 | D | one's insides to explode (syn.: intestines have exploded) |
| ㅁ | 산통을 깨다 | E | to cook rice porridge |
| ㅂ | 속이 터지다 (동: 복장이 터지다) | F | ears are thin |
| ㅅ | 신물이 나다 | G | to find a rat hole |
| ㅇ | 어처구니가 없다 | H | the animal statuette on the roof is gone |
| ㅈ | 죽을 쑤다 | I | to break a case for bamboo fortune slips |
| ㅊ | 쥐구멍을 찾다 | J | the pulse is loosened |

## 어휘와 표현

**궁궐** palace
**그러다 보니까** while doing that
**그럴 만하다** to deserve it, that deserves it
**기말** final exam
**기와지붕** tiled roof
**당혹스러운 상황** embarrasing situation
**당황하다** to be dumbfounded
**동물 모양** animal shape
**뜻하다** to mean
**발표** presentation
**밤을 새우다** to stay up all night
**보고서** paper, report (for class)
**사물** thing
**상상 밖의** beyond one´s imagination
**성문** gate of a castle
**얹다** to place on
**엄청나게** enormously
**전통 한옥** traditional Korean house
**점수가 깎이다** points are deducted
**제출하다** to turn in
**조각** sculpture
**준비하다** to prepare
**토우** a clay doll
**프로젝트** project
**화가 닥치다** misfortune approaches

## 핵심표현 익히기 뜻을 영어와 한국어로 확인하고, 여러분의 생각과 비교해 보세요.

**고양이와 개**
enemies, rivals
서로 앙숙인 관계.

**귀가 얇다**
to be easily persuaded by the words of others, to be gullible
남의 말을 쉽게 받아들이거나 믿는다.

**맥이 풀리다**
to be drained of energy or vigor
기운이나 긴장이 풀어지다.

**밴댕이 소갈머리**
a thoughtless person, an insensible person
마음이 넓지 않고 이해심이 없는 사람의 성격.

**산통을 깨다**
to spoil a plan, to ruin a plot, to make a mess
다 잘되어 가던 일을 이루지 못하게 망가뜨리다.

**속이 터지다 (동: 복장이 터지다)**
to be upset or ill at ease (syn.: to be extremely frustrated)
화가 나거나 답답하다.

**신물이 나다**
to be sick and tired of, to be fed up with
하기 싫은 일을 오래 하여 지긋지긋하고 진절머리가 나다.

**어처구니가 없다 (동: 기가 막히다, 어이가 없다)**
to be absurd, to be really ridiculous, to be outrageous (syn.: to be dumbfounded)
일이 너무 뜻밖이어서 기가 막히다.

**죽을 쑤다**
to suffer a big loss, to mess up
어떤 일을 망치거나 실패하다.

**쥐구멍을 찾다**
to be so embarrassed that one wants to hide
부끄럽거나 난처하여 어디에라도 숨고 싶어 하다.

### 어휘와 표현

- **기가 막히다** to be dumbfounded
- **기운** energy
- **긴장** tension
- **난처하다** to be emabarrassed
- **답답하다** to feel emotionally or physically stifled
- **뜻밖이다** to be unexpected
- **마음이 넓다** to be generous
- **망가뜨리다** to mess up
- **망치다** to ruin
- **숨다** to hide
- **실패하다** to fail
- **앙숙** on bad terms with each other
- **이루다** to achieve
- **이해심** understanding
- **지긋지긋하다** to be tedious
- **진절머리가 나다** to be sick and tired of something
- **풀어지다** to be relieved (of some emotion or condition)

## 연습문제를 풀어 보세요

STEP 1 영어로 된 아래의 설명에 해당하는 한국어 관용어를 적어 보세요.

01 to be drained of energy or vigor

02 to be easily persuaded by the words of others, to be gullible

03 enemies, rivals

04 a thoughtless person, an insensible person

05 to be so embarrassed that one wants to hide

06 to suffer a big loss, to mess up

07 to be absurd, to be really ridiculous, to be outrageous

08 to be upset or ill at ease

09 to spoil, to ruin a plot, to make a mess

10 to be sick and tired of, to be fed up with

## STEP 2 아래 예문에 알맞은 관용어를 채워 대화를 완성해 보세요.

01 가 고려대와 연세대 학생들은 서로 안 좋아하나요?
나 안 좋아하는 게 아니라 두 학교 학생들이 역사적으로 오랫동안 경쟁 상대였기 때문에 만나기만 하면 ____________처럼 으르렁대니까 사람들이 그렇게 말하는 거예요.

02 가 캠프 날짜가 다 정해졌는데 갑자기 못 간다고 하면 어떻게 해요?
나 제가 ____________는 것 같아 죄송하지만 집안에 중요한 일이 생겨서요. 정말 죄송해요.

03 가 여보, 우리 오랜만에 여행가는 건데 좋은 호텔을 예약하면 안 돼요?
나 요즘 같은 때는 돈을 아껴 써야지요. 안 그래요?
가 그래도 여행 가서는 좋은 호텔에서 자고 싶어요.
나 아이고, ____________는 소리 그만하고 그냥 이 콘도로 합시다. 좀 있으면 아이들 등록금도 내야 하는데 돈을 아껴 둬야 하지 않겠어요?

04 가 대학 입학시험은 잘 봤어요?
나 아니요, 수학이 너무 어려워서 ____________. 아무래도 대학에 떨어질 것 같아요.

05 가 다 같이 노래하러 왔는데 지수 씨도 한 곡 불러 보세요.
나 저요? 저는 정말 노래 못해요.
가 그래요? 지난번에 한번 노래하셨잖아요. 괜찮게 부르시던데…….
나 아니에요. 그때도 너무 창피해서 ____________고 싶었어요.

06 가 이제 곧 방학이네요. 혹시 방학 숙제 있어요?
나 아니요, 없어요. 한 학기 동안 숙제를 너무 많이 했더니 숙제는 이제 ____________.
가 방학 숙제가 없어서 다행이네요. 그럼 방학 동안 잘 쉬고 다음 학기에 또 봐요.

07 가 우리가 너무 지저분하게 먹어서 이 식당 주인이 화낼 것 같아요.
나 아이들이 있으면 어쩔 수 없어요. 이 정도도 이해 못하는 ____________ 같은 사람은 아닐 거예요. 그래도 미안하니까 대충 치워 주고 갈까요?

08 가 아무리 생각해도 어젯밤에 택시비가 너무 비쌌던 것 같아요.
나 원래 자정이 넘으면 비싸져요. 연말이라서 차도 많이 막혔잖아요.
가 그래도 강북에서 강남까지 오는데 어떻게 십만 원이 나와요? ____________잖아요. 정말 이해할 수가 없어요. 뭔가 이상해요.

09 가 요즘 선거 때문에 대통령 후보들에 관한 이야기가 정말 많지요?
나 네, 저도 많이 들었어요. 저는 ____________서 그런지 다 진짜 같아요.
가 에이, 그런 소문들은 거의 사실이 아니에요. 괜히 그런 말들에 신경 쓸 필요 없어요.

10 가 퇴근하고 집에 가면 보통 뭐 하세요?
나 회사에서 일을 너무 많이 해서 집에 가면 ____________서 그냥 누워 있어요. 저녁밥 할 힘도 없을 때가 많아서 자꾸 사 먹게 돼요.

### 어휘와 표현

- 경쟁 상대 rival
- 누워 있다 to lie on one´s back
- 대학에 떨어지다 to fail to enter a university
- 사실 true
- 선거 election
- 소문 rumor
- 신경쓰다 to mind
- 아껴 쓰다 to conserve
- 아껴 두다 to save
- 역사적으로 historically
- 연말 end of the year
- 예약하다 to reserve
- 으르렁대다 to snarl at
- 정해지다 to be set
- 주인 owner
- 지저분하다 to be messy
- 진짜 really
- 창피하다 to be shameful
- 치우다 to clean up
- 콘도 condo (hotel)
- 후보 candidate

## 친구와 함께 해요

◎ 친한 친구나 가족을 인터뷰하고 아래 표를 완성해 보세요.

| 질문 | 친구 이름: | 친구 이름: |
|---|---|---|
| ______씨는 귀가 얇은 편이에요? 아니면 그렇지 않은 편이에요? 왜 그렇게 생각해요? | | |
| 고양이와 개의 관계로 비유되는 나라들에는 어떤 나라가 있을까요? | | |
| 회의에서 산통을 깨는 상사의 행동 중 ______씨가 가장 싫어하는 것은 어떤 행동이에요? | | |

◎ 이 과에서 배운 관용어를 사용해서 아래 그림의 상황을 짧게 설명해 보세요.

예 칼국수를 시켰는데 수제비가 나와서 물어 봤더니 같은 밀가루 반죽(flour dough)이니 그냥 먹으라고 하네요. 정말 어처구니가 없었어요.

# 골탕을 먹었어요

*to be made a fool*

'골탕 먹다'의 '골탕(-湯)'은 소의 등골이나 머릿골에 녹말이나 밀가루를 묻혀 기름에 지지고 달걀을 씌운 후 이를 맑은 장국에 넣어서 다시 끓여 익힌 국입니다. 그런데 '속이 물크러져 상하다'를 뜻하는 '곯다'의 '곯'과 '골'의 발음이 비슷하여, '골탕 먹다'는 '손해를 입거나 낭패를 당하다'라는 안 좋은 의미로 쓰이게 되었습니다.

## 읽어봅시다

민지 뉴스 봤어요? 어떤 중학생이 학교에 폭발물을 설치해서 [1]쇠고랑을 찼어요.

스티브 아이고, 중학생이면 [2]머리도 다 컸는데 왜 그랬을까요?

민지 처음에는 자기가 안 했다고 [3]시치미를 뗐는데 어머님이 우시는 걸 보고 사실대로 다 말했대요.

스티브 부모님이 얼마나 놀라셨겠어요. 정말 [4]땅을 칠 노릇이네요. 도대체 왜 그런 거래요?

**Minji** Did you watch the news? A junior high student [1]was arrested for setting up an explosive at this school.

**Steve** Are you serious? If he's a junior high student, then he [2]should know better. What was he thinking?

**Minji** At first, he [3]feigned ignorance, but once he saw his mom crying, he told the truth.

**Steve** His parents must have been so shocked. [4]How terrible for them. Why on earth did he do it?

민지 이 학생이 학교에 적응을 잘 못했나 봐요. 학교 친구들을 [5]골탕 먹이려고 그랬대요.

스티브 그 부모님은 아들 생각만 하면 슬픔이 [6]골수에 사무치겠네요. 그럼 그 학생은 이제 [7]콩밥을 먹는 거예요?

민지 청소년이라서 그렇지는 않을 거예요. 우리 할머니도 이 뉴스를 보시고 [8]혀를 차셨어요. [9]입에 거미줄 칠까 걱정하던 옛날에는 이런 학생들이 없었는데 살기 좋아진 요즘 아이들이 더 이상하다고 하세요.

스티브 요즘 교육은 [10]빛 좋은 개살구예요. 아이들이 너무 공부만 해서 스트레스를 풀 수가 없잖아요.

Minji It seems he was having difficulty adjusting at school. He wanted [5]to make fool of the other kids at school.

Steve The parents must [6]be so bitterly sad just thinking about him. So is the student now [7]going to prison?

Minji Since he's a minor, I don't think so. My grandmother [8]was also displeased when she saw the news. She said that back in the old days, when it was difficult [9]just to get by, you rarely saw students like this. Life is easier nowadays, but kids have more problems.

Steve The educational system these days is [10]not as great as it might look. All kids do is study, so they can't release their stress.

## 워밍업퀴즈 아래 관용어들을 직역(Literal meaning) 하면 무슨 뜻인지 찾아 연결하세요.

| | | | |
|---|---|---|---|
| ㄱ | 골수에 사무치다 | A | (one's) head is big |
| ㄴ | 골탕을 먹다(사: 골탕을 먹이다) | B | to remove the tag from a falcon |
| ㄷ | 땅을 칠 노릇 | C | to click one's tongue |
| ㄹ | 머리가 크다 | D | to eat rice with beans |
| ㅁ | 빛 좋은 개살구 | E | to eat bone broth (caus.: let someone eat bone broth) |
| ㅂ | 쇠고랑을 차다 | F | to be handcuffed |
| ㅅ | 시치미를 떼다 | G | to sink deep into one's marrow |
| ㅇ | 입에 거미줄 치다 | H | to make a spider web over one's mouth |
| ㅈ | 콩밥을 먹다 | I | an occasion to hit the ground |
| ㅊ | 혀를 차다 | J | a gleaming wild apricot |

## 어휘와 표현

- **기름** oil
- **곯다** to rot
- **교육** education
- **끓이다** to boil
- **낭패를 당하다** to be afflicted by trouble
- **녹말** starch
- **도대체 왜** why on earth
- **등골** backbone
- **머릿골** brain
- **묻히다** to coat with
- **밀가루** flour
- **사실대로** (tell) the truth
- **설치하다** to set up
- **스트레스를 풀다** to relieve stress
- **슬픔** sorrow
- **씌우다** to cover
- **익히다** to cook
- **장국** soup
- **적응을 못하다** cannot get used to
- **중학생** junior high students
- **지지다** to fry
- **청소년** youth
- **폭발물** explosives

## 핵심표현 익히기 뜻을 영어와 한국어로 확인하고, 여러분의 생각과 비교해 보세요.

### 골수에 사무치다
to feel bitter sorrow or intense suffering
원한이나 고통이 뼛속에 파고들 정도로 깊고 강하다.

### 골탕을 먹다 (사: 골탕을 먹이다)
to be tricked, to be made a fool of (caus.: to fool or cause trouble for someone)
한꺼번에 크게 손해를 입거나 낭패를 당하다. (사: 손해를 입히거나 낭패를 당하게 만들다.)

### 땅을 칠 노릇
an occasion for regret or lament
몹시 분하고 애통함을 이르는 말.

### 머리가 크다
to be mature enough to understand things
어른처럼 생각하거나 판단하게 되다.

### 빛 좋은 개살구
something that looks outwardly good but is not all that great in actuality
(겉보기에는 먹음직스러운 빛깔을 띠고 있지만 맛은 없는 개살구라는 뜻으로) 겉만 그럴듯하고 실속이 없는 경우를 비유적으로 이르는 말.

### 쇠고랑을 차다 (비)
to get arrested (slang)
법적으로 구속되다.

### 시치미를 떼다
to feign ignorance, to pretend not to know
자기가 하고도 하지 않은 척하거나 알고 있으면서도 모르는 척하다.

### 입에 거미줄 치다
to starve because of poverty
가난하여 먹지 못하고 오랫동안 굶다.

### 콩밥을 먹다 (비)
to be put in prison (slang)
감옥살이를 하다.

### 혀를 차다
to think someone is pitiable or a situation is deplorable
마음이 언짢거나 유감의 뜻을 나타내다.

#### 어휘와 표현

**가난하다** to be poor
**감옥살이** living in prison
**겉보기** outer appearance
**고통** pain
**구속되다** to be arrested
**그럴듯하다** to be plausible
**깊다** to be deep
**낭패를 당하다** to be afflicted by trouble
**마음이 언짢다** to be upset
**먹음직스럽다** mouth-watering
**법적으로** by law
**빛깔을 띠다** to be tinged with
**뼛속** inside the bone
**실속이 없다** to lack substance
**애통하다** to lament
**원한** resentment
**유감이다** to be regrettable
**파고들다** to penetrate
**한꺼번에** all at once

## 연습문제를 풀어 보세요

STEP 1 영어로 된 아래의 설명에 해당하는 한국어 관용어를 적어 보세요.

01 an occasion for regret or lament

02 to think someone is pitiable or a situation is deplorable

03 to starve because of poverty

04 to get arrested

05 to feel bitter sorrow or intense suffering

06 to be tricked, to be made a fool of

07 to be put in prison

08 to be mature enough to understand things

09 something that looks outwardly good but is not all that great in actuality

10 to feign ignorance, to pretend not to know

STEP 2 아래 예문에 알맞은 관용어를 채워 대화를 완성해 보세요.

01 가 K 정치인이 불법 선거운동으로 감옥에 가게 됐다면서요?
나 네, 어느 기업인한테 10억 원이 넘게 받았대요. 그래서 곧 ____________게 될 것 같아요.

02 가 진수 씨가 의과대학을 중퇴하고 만화가가 되기로 했대요.
나 정말이요? 힘들게 의대에 들어갔는데 부모님께서 크게 실망하셨겠네요.
가 진수 씨 부모님 입장에서는 ____________이지요. 진수 씨가 꼭 의사가 되기를 바라셨잖아요.

03 가 이번에 잡힌 도둑은 작년에도 도둑질을 해서 감옥에서 나온 지 얼마 안 됐대요. 그런데 왜 또 도둑질을 했을까요?
나 그러게요. ____________어도 나쁜 습관은 잘 안 고쳐지나 봐요.

04 가 저희 할아버지는 북한이 고향이셔서 빨리 통일이 되었으면 하세요.
나 그렇겠지요. 얼마나 고향에 가보고 싶으시겠어요.
가 아직도 고향 생각만 하면 그리움이 ____________다고 하세요.

05 가 철수야, 민수가 빨리 동아리 방에 모이라고 해서 왔는데 왜 아무도 없어?
나 아닌데. 지금 우리 모임 없는데?
가 그래? 아무래도 내가 ____________은 것 같네. 다음에 민수를 만나면 가만두지 않겠어!

06 가 중학교에서 학생들 가르치기 어렵지 않아요?
나 네, 어려워요. 학생들은 아직 성숙하지 않은데 자기들은 ____________다고 생각해서 마음대로 하려고 하거든요.

07 가 요즘에는 정말 사건 사고가 너무 많이 일어나는 것 같아요. 도대체 세상이 어떻게 돌아가는 건지 모르겠어요.
나 그러게요. 저희 어머니도 신문을 읽으실 때마다 ____________.

08 가 이번 정권의 경제정책은 아무래도 실패한 것 같아요. 물가가 너무 많이 오르잖아요.
나 저도 같은 생각이에요. 기대를 많이 했는데 공약들이 대부분 ____________ 같아요. 예전보다 살기가 더 어려워졌어요.

09 가 1960년대, 70년대에는 한국이 아주 가난한 나라였다면서요?
나 네. 특히 1960년대는 한국 전쟁이 끝나고 먹을 게 별로 없어서 모두 ____________던 시절이었어요.

10 가 오빠가 내 책상 위에 있던 간식 먹었지?
나 아니, 내가 안 먹었는데. 누가 먹었을까?
가 오빠가 먹었잖아. ____________지 말고 말해. 오빠가 아니면 누가 먹었겠어?

**어휘와 표현**

- 가만두다 to tolerate
- 간식 snack
- 감옥 jail
- 경제정책 economic policy
- 고치다 to correct
- 공약 election pledge
- 그리움 yearning
- 기대를 하다 to expect
- 기업인 businessman
- 도둑 thief
- 동아리방 club room
- 만화가 cartoonist
- 물가가 오르다 prices go up
- 북한 North Korea
- 불법 illegal
- 사건 incident
- 사고 accident
- 선거운동 election campaign
- 성숙하다 to be mature
- 세상이 어떻게 돌아가는 건지 모르는 to not know what is happening in the world
- 습관 habit
- 시절 days, period of time
- 신문 newspaper
- 실망하다 to be disappointed
- 의과대학 medical college
- 입장 stance
- 정권 administration
- 정치인 politician
- 중퇴 drop out of school
- 통일이 되다 to be unified
- 한국 전쟁 Korean War

## 친구와 함께 해요

◎ 친한 친구나 가족을 인터뷰하고 아래 표를 완성해 보세요.

| 질문 | 친구 이름: | 친구 이름: |
|---|---|---|
| ________씨는 어렸을 때 친구들한테 골탕을 먹은 적이 있어요? | | |
| ________씨는 빛 좋은 개살구 같은 친구 관계가 있다면 그 관계를 유지해요 아니면 정리해요? | | |
| 어르신들이 혀를 차게 되는 젊은 사람들의 행동에는 어떤 것이 있을까요? 한 가지만 말해 주세요. | | |

◎ 이 과에서 배운 관용어를 사용해서 아래 그림의 상황을 짧게 설명해 보세요.

예 요즘 인턴은 빛 좋은 개살구예요. 일을 배울 수 있는 기회가 거의 없고 잡일(chores)만 하는 경우가 많아요.

# Unit 28 오지랖이 넓어요

*to be a busybody*

'오지랖이 넓다'의 '오지랖'은 원래 한복 겉옷의 앞자락을 뜻하는 명사로 오지랖이 넓으면 안에 있는 다른 자락을 너무 많이 덮게 되어 그 크기가 적당해야 합니다. 그래서 이 일 저 일에 관심도 많고 참견도 많이 하고 염치가 없는 사람을 가리켜 '오지랖이 넓다'고 합니다.

## 읽어봅시다

민지 우리 학교 축제에 같이 놀러 가요.

스티브 저 요즘 인터뷰 준비 때문에 바빠요. [1]바람 넣지 마세요.

민지 갔다 와서 인터뷰 준비해도 되잖아요. 지금 축제에 아이돌 가수가 온다고 해서 사람들이 [2]장사진을 치고 있다고요.

스티브 전 정말 괜찮다니까요.

민지 그렇게 [3]콧방귀를 뀔 때가 아니에요. 스티브 씨가 좋아하는 소녀시대는 안 오지만 [4]꿩 대신 닭이라고 에이핑크가 오거든요.

스티브 정말이요? 꿩 대신 닭이라니요? 요즘에는 에이핑크가 더 인기가 많아요. 그럼 잠깐 보러 갈까요?

민지 스티브 씨 참 [5]싱거운 사람이네요. 안 간다더니 에이핑크에 마음이 금방 바뀌었어요?

Minji Let's go to the school festival together.

Steve I'm busy preparing for an interview these days. Please don't [1]give me false hope.

Minji Oh come on, you can prepare after you go to the festival. People are [2]forming a long line now becuase idol singers are coming to the festival.

Steve I said I'm fine.

Minji I'm telling you, it's nothing to [3]sniff at. Although your favorite group Girls Generation isn´t coming, Apink is, and [4]that's better than nothing.

Steve Really? Better than nothing? Actually, Apink is more popular these days. Maybe we can stop by, just for a bit.

Minji You're such an a [5]wavering person, Steve. You said that you are not going, but you changed your mind because of Apink?

| | | | |
|---|---|---|---|
| 스티브 | 아니에요. 민지 씨 [6]입김이 세서 그렇지요. 민지 씨가 말하면 거절할 수가 없거든요. | Steve | That's not the case. It is because you [6]are so influential. When you tell me to do something, I can't reject you. |
| 민지 | 아이고, 그렇게 생각해 주시니 감사하네요. 그런데 여럿이 같이 가면 더 재미있을 것 같아서 민수랑 수지랑 지현이랑 다 같이 학교에서 만나기로 했어요. 지현이가 남자친구랑 싸워서 요즘 기분이 안 좋거든요. 기분 좀 풀어주고 싶어요. | Minji | Well, if you put it that way, thanks! By the way, I thought it would be more fun with a lot of people, so I promised to meet Minsu, Suzy, and Jihyun at school. Jihyun doesn't feel good these days because she fought with her boyfriend. I'd like to help cheer her up. |
| 스티브 | 민지 씨는 정말 친구들 사정을 너무 잘 아는 것 같아요. | Steve | You really seem to know your friends' situations very well. |
| 민지 | 제가 [7]오지랖이 좀 넓지요. 그런데 제가 [8]총대를 메지 않으면 아무도 연락을 안 해요. | Minji | I guess I'm quite [7]meddlesome. But if I don't [8]take initiative, then no one tries to get in touch. |
| 스티브 | 하긴 그래요. 그래서 민지 씨가 인기가 많은가 봐요. | Steve | That's true. Maybe that's why you're so popular. |
| 민지 | 제가요? 그건 또 전혀 몰랐는데요. | Minji | Me? I didn't know that. |
| 스티브 | 그렇게 [9]손사래를 치지 마세요. 민지 씨를 만나면 사람들이 다 [10]허파에 바람 든 것처럼 웃고 즐거워하잖아요. | Steve | Don't [9]deny it like that. When people meet you, all of them [10]laugh like crazy and have a lot of fun. |

## 워밍업퀴즈 아래 관용어들을 직역(Literal meaning) 하면 무슨 뜻인지 찾아 연결하세요.

| | | | |
|---|---|---|---|
| ㄱ | 꿩 대신 닭 | A | a bland person |
| ㄴ | 바람을 넣다 | B | to snort at |
| ㄷ | 손사래를 치다 | C | to wave one's hands |
| ㄹ | 싱거운 사람 | D | a chicken instead of a pheasant |
| ㅁ | 오지랖이 넓다 | E | breath is strong |
| ㅂ | 입김이 세다 | F | to inflate with some air |
| ㅅ | 장사진을 치다 | G | wind gets in the lungs |
| ㅇ | 총대를 메다 | H | to form a long line like a snake |
| ㅈ | 콧방귀를 뀌다 | I | to shoulder a rifle |
| ㅊ | 허파에 바람 들다 | J | the lapels of an outer garment are broad |

### 어휘와 표현

**거절하다** to reject
**겉옷** outer clothing
**기분을 풀어주다** to lighten up one´s mood
**덮게 되다** to come to cover
**마음이 바뀌다** to change one´s mind
**명사** noun
**사정을 잘 알다** to know the situation well
**소녀시대** Girl´s Generation (name of a K-pop group)
**아이돌 가수** idol singer
**에이핑크** Apink (name of a K-pop group)
**여럿이** in crowds
**연락하다** to contact
**염치없다** to be shameless
**오지랖** lapels
**인기가 많다** to be popular
**자락** the lower ends of clothes
**적당하다** to be moderate
**전혀** not at all
**즐거워하다** to be delighted
**참견하다** to interfere in
**축제** festival
**하긴 그래요** That´s true.

## 핵심표현 익히기 뜻을 영어와 한국어로 확인하고, 여러분의 생각과 비교해 보세요.

### 꿩 대신 닭
something similar is better than nothing
꼭 적당한 것이 없을 때 그와 비슷한 것으로 대신하다.

### 바람을 넣다
to get someone excited, to stir someone up to take a certain action
남을 부추겨서 무슨 행동을 하려는 마음이 생기게 만들다.

### 손사래 치다
to gesture in refusal or denial
거절이나 부인을 하며 손을 펴서 마구 휘젓다.

### 싱거운 사람
an eccentric person, an oddball
말이나 행동이 상황에 어울리지 않고 다소 엉뚱한 느낌을 주는 사람.

### 오지랖이 넓다
to be meddlesome, to put one's finger in every pie
쓸데없이 지나치게 아무 일에나 참견하는 면이 있다.

### 입김이 세다
to have a great influence on others
다른 사람에게 미치는 영향력이 강하다.

### 장사진을 치다
to form a long line, to wait in long lines
많은 사람이 줄을 지어 길게 늘어서다.

### 총대를 메다
to take the helm, to take the lead
아무도 나서서 맡기를 싫어하는 공동의 일을 대표로 맡다.

### 콧방귀를 뀌다
to disregard the words of another, to snort at
아니꼽거나 못마땅하여 남의 말을 들은 척 만 척하다.

### 허파에 바람 들다
① to laugh too much ② to be pretentious
① 실없이 행동하거나 지나치게 웃어 대다. ② 분수를 모르고 겉멋이 들다.

### 어휘와 표현

**거절하다** to refuse
**겉멋이 들다** to be pretentious without substance
**공동의 일** a shared task or duty
**나서다** to step up
**늘어서다** to line up
**다소** somewhat
**대신하다** to substitute (for)
**대표** representative
**맡다** to undertake
**못마땅하다** to be displeased
**부인하다** to deny
**부추기다** to instigate
**분수** one's place
**비슷하다** to be similar
**실없이** nonsensically
**쓸데없다** to be useless
**아니꼽다** to be irritating
**엉뚱하다** to be eccentric
**영향력** influence
**적당하다** to be fitting, appropriate
**줄을 짓다** to form a queue
**참견하다** to interfere
**펴다** to unfold
**휘젓다** to stir

## 연습문제를 풀어 보세요

STEP 1 영어로 된 아래의 설명에 해당하는 한국어 관용어를 적어 보세요.

01 to laugh too much / to be pretentious

02 something similar is better than nothing

03 to disregard the words of another, to sniff at

04 to take the helm, to take the lead

05 to get someone excited, to stir someone up to take a certain action

06 an eccentric person, an oddball

07 to gesture in refusal or denial

08 to have a great influence on others

09 to form a long line, to wait in long lines

10 to be meddlesome, to put one's finger in every pie

STEP 2 아래 예문에 알맞은 관용어를 채워 대화를 완성해 보세요.

01 가 지수 씨가 아나운서 시험에 합격했대요.
나 그래요? 어떻게 알았어요?
가 ________________ 학교 앞 분식집 아주머니가 알려 주시던데요.
나 하하, 그 아주머니는 여러 학생하고 친하셔서 웬만한 소식은 다 알고 계시더라고요.

02 가 요즘에는 날씨가 하도 추워서 몇 주 하와이 이모 집에 가서 푹 쉬다 오고 싶어요.
나 하와이는 못 가도 ________________이라고 찜질방에라도 가서 쉬는 게 어때요? 그럼 기분이 훨씬 나아질 텐데요.

03 가 여보, 이번 주말에 지훈이 데리고 제주도에 바람 쐬러 갈까요?
나 얌전히 공부하는 아이 괜히 ________________지 말고 그냥 좀 가만히 있어요. 지금 고3이라 제일 중요한 때잖아요.

04 가 김 선생님, 이번 교사 학회에서 발표 좀 해주세요.
나 저요? 저는 아직 준비가 안 돼서 그렇게 큰 모임에서 발표할 자신이 없는데요.
가 그렇게 ________________지 말고 지금부터 준비하면 내가 도와줄게요.

05 가 부장님, 죄송하지만 오늘 아내 생일이라서 조금 일찍 퇴근해야 할 것 같습니다.
나 아니 이런 ________________을 봤나. 오늘은 그리 급한 일도 없으니 얼른 퇴근해서 부인 생일 잘 챙겨주게.

06 가 요즘에는 시어머니보다 장모님 영향력이 더 센 것 같아요.
나 맞아요. 예전과는 비교가 안 될 정도로 장모님 ________________ 졌어요. 그래서 그런지 장모와 사위 사이에 갈등이 전보다 많아졌대요.

07 가 지수 씨, 오늘 오후에 영화 보려면 지금 빨리 인터넷으로 예매하는 게 좋을 거 같아요.
나 왜요? 극장에 줄이 길어요?
가 네. 매표소에 사람들이 ________________고 있어서 적어도 한두 시간은 기다려야 할 것 같더라고요.

08 가 이번 주는 가을 축제 기간인데 휴강 안 해요? 교수님께 누가 부탁 좀 해보세요.
나 김 교수님이 너무 무서우셔서 아마 ________________ 사람이 없을 거예요. 그냥 수업하는 게 마음이 편해요.

09 가 지영 씨는 그렇게 노래를 잘하는데 가수 오디션을 한번 보는 게 어때요?
나 그렇지 않아도 작년에 오디션을 보겠다고 했더니 우리 언니가 ________________던데요. 너 정도 노래하는 사람은 많다면서…….

10 가 저쪽 테이블에 있는 여학생들은 뭐가 저렇게 재미있을까요? 삼십 분째 웃고 있네요.
나 원래 저 나이 때는 별것 아닌 일에도 재밌어 하잖아요.
가 그래도 식당에서 저렇게 삼십 분 동안 ________________ 것처럼 웃는 학생들은 처음이에요.

### 어휘와 표현

- **갈등** conflict
- **고3** high school senior
- **교사** teacher
- **그래서 그런지** it might be because of that
- **그렇지 않아도** as a matter of fact
- **급하다** to be urgent
- **나아지다** to improve
- **도와주다** to help
- **매표소** ticket office
- **모임** gathering
- **바람 쐬다** to go out for air
- **부탁하다** to request
- **분식집** snack restaurant
- **비교하다** to compare
- **사위** son-in-law
- **시어머니** mother-in-law (husband´s mother)
- **아나운서** news anchor
- **아주머니** ma´am
- **알려주다** to inform
- **얌전히** gently
- **영향력이 세다** influence is strong
- **예매하다** to reserve (tickets)
- **웬만한 소식** most news
- **자신이 없다** not confident
- **장모** mother-in-law (wife´s mother)
- **줄** line
- **찜질방** Korean-style sauna
- **챙겨주다** to care for
- **축제 기간** festival period
- **학회** conference
- **휴강** cancellation of lecture

## 친구와 함께 해요

◎ 친한 친구나 가족을 인터뷰하고 아래 표를 완성해 보세요.

| 질문 | 친구 이름: | 친구 이름: |
|---|---|---|
| ______씨는 오지랖이 넓은 한국 문화의 예로 어떤 것이 있다고 생각해요? | | |
| 만약 유명한 식당에 사람들이 장사진을 치고 있다면 ______씨는 기다릴 거예요, 아니면 다른 식당으로 갈 거예요? | | |
| ______씨 집안에서 입김이 센 사람은 누구예요? 왜 그렇게 생각해요? | | |

◎ 이 과에서 배운 관용어를 사용해서 아래 그림의 상황을 짧게 설명해 보세요.

예 강남 엄마들은 자식 교육(children's education)에는 오지랖이 넓은 것으로 유명해요. 어렸을 때부터 대학에 갈 때까지 아이 뒷바라지(taking care of children)라면 무슨 일이든지 하거든요.

# 어안이 벙벙해요

*to be dumbfounded*

'어안이 벙벙하다'의 '어안'은 입 속에 있는 혀의 안쪽을 가리키고 '어이없어서 말을 하지 못하고 있는 입 모양'을 말합니다. '벙벙하다'는 '어리둥절하여 얼빠진 사람처럼 멍하다'라는 뜻을 지니고 있습니다.

## 읽어봅시다

민지 스티브 씨, 한국어 말하기 대회 2등 축하해요.

스티브 네, 고마워요. 그런데 아직도 [1]어안이 벙벙해요. 상을 받을 줄 몰랐거든요.

민지 아주 잘했어요. 그 정도로 하려면 [2]뼈를 깎는 노력을 했을 거예요. 스티브 씨가 계획한 대로 [3]아귀가 맞게 일이 잘 진행되고 있네요.

스티브 네, 정말 다행이죠. 한국어 말하기 대회에서 2등상을 받은 게 취직하는 데 도움이 될 거예요. 다음 주에 우리 집에서 불고기 파티를 하려고 하니까 꼭 오세요. 민지 씨를 위해서 고기 많이 사 놓을게요.

민지 저 요즘 스트레스 때문에 [4]입이 짧아져서 많아 못 먹어요. 조금만 하세요. 스티브 씨는 [5]손이 엄청

Minji Steve, congratulations on placing second in the Korean Speaking Contest.

Steve Thank you. But I´m still [1]dumbfounded. I didn't think I would win an award.

Minji You did so well. It must have taken [2]painstaking effort to do that well. Things are [3]going perfectly, exactly as you planned.

Steve Yes, what a relief. A second-place win in a Korean Speaking Contest will be helpul for my job search. I'm planning to have a bulgogi party at my house next week, so please come. I'll buy a lot of meat.

Minji I've [4]lost my appetite because of stress these days, so I can't eat that much. Just

크더라고요. 지난번에도 음식이 많아 남았잖아요.

스티브 하하, [6]엿장수 마음대로예요. 제가 알아서 준비할게요. 모자라는 것보다 남는 게 나아요.

민지 스티브 씨 이제 한국어를 정말 잘하시네요.

스티브 하하, 요리도 많이 하지 않을 거면서 그냥 말만 하는 거예요. 뭐, [7]입만 살았다고 할까요……. 오늘 상금도 받아서 돈도 많잖아요. 걱정하지 마세요.

민지 [8]배부른 소리 하시네요. 그 돈을 다 쓰면 안 되죠. 다음 달에 졸업여행도 가야 하는데…….

스티브 네, 알아요. 이제 한국 생활은 [9]척하면 삼천리예요.

민지 그동안 고생했으니 이번 주말에는 [10]팔자 늘어지게 잠도 자고 좀 쉬세요.

스티브 네, 그럴게요. 고마워요.

prepare a little. You [5]are too generous in preparing food. Last time we had a lot of leftovers.

Steve Haha, I'll just [6]do as I see fit. Having leftovers is better than having too little.

Minji Steve, you're really good at speaking Korean now.

Steve I'm only saying that even though I'm not going to cook that much, haha. I guess I'm [7]just all talk (and no action)… And I have a lot of money thanks to the prize money I got today. Don't worry.

Minji [8]Don't be so full of yourself. You shouldn't use all your money. The graduation trip is next month, too.

Steve Yes, I know. Now I am [9]very knowledgeable about life in Korea.

Minji Since you worked so hard, you should [10]rest up this weekend.

Steve I will. Thank you.

## 워밍업퀴즈 아래 관용어들을 직역(Literal meaning) 하면 무슨 뜻인지 찾아 연결하세요.

| | | | |
|---|---|---|---|
| ㄱ | 배부른 소리 하다 | A | one's fate is stretched |
| ㄴ | 뼈를 깎다 | B | to make noises of a full stomach |
| ㄷ | 손이 크다(반: 손이 작다) | C | hands are big (ant.: hands are small) |
| ㄹ | 아귀가 맞다 | D | only the mouth is alive |
| ㅁ | 어안이 벙벙하다 | E | for one's tongue to be dumbfounded |
| ㅂ | 엿장수 마음대로 | F | at the *yeot* (Korean taffy) seller's disposal |
| ㅅ | 입만 살다 | G | 3000 ri in a minute (ri: traditional Korean/Chinese unit of distance) |
| ㅇ | 입이 짧다 | H | mouth is short |
| ㅈ | 척하면 삼천리 | I | the hinge fits |
| ㅊ | 팔자가 늘어지다 | J | to carve bone |

### 어휘와 표현

~을 줄 모르다 to not know –
그 정도로 to that extent
계획한 대로 as one planned
남다 to remain
노력하다 to make an effort
다행이다 to be fortunate
도움이 되다 to be helpful
말하기 대회 speech contest
멍하다 to be in a daze
모자라다 to be lacking
상금 cash prize
상을 받다 to receive a prize
알아서 준비하다 to prepare by oneself
어리둥절하다 to be perplexed
어이없다 to be at a loss for words
얼빠지다 to be dazed
일이 진행되다 to proceed
혀 tongue
졸업여행 graduation trip

## 핵심표현 익히기 뜻을 영어와 한국어로 확인하고, 여러분의 생각과 비교해 보세요.

### 배부른 소리 하다
to complain while living comfortably, to boast
다른 사람에 비해 만족스러운 상황에 있으면서도 불평하거나 투덜대다.

### 뼈를 깎다
to do something very painstakingly
몹시 견디기 어려울 정도로 고통스럽다.

### 손이 크다 (반: 손이 작다)
to be very generous (ant.: to be very stingy)
물건이나 재물의 씀씀이가 후하고 크다. (반: 씀씀이가 깐깐하고 작다.)

### 아귀가 맞다
① to be perfectly matched, to square with ② to have a matching number of
① 앞뒤가 빈틈없이 들어맞다. ② 일정한 수량 따위가 들어맞다.

### 어안이 벙벙하다
to be dumbfounded or amazed because of a surprising or perplexing occurrence
뜻밖에 놀랍거나 기막힌 일을 당하여 어리둥절하다.

### 엿장수 마음대로
as one likes, as one pleases
(엿장수가 엿을 마음대로 늘이듯이) 무슨 일을 자기 마음대로 이랬다저랬다 하다.

### 입만 살다
to not put into practice, to speak without action
말에 따르는 행동은 없으면서 말만 그럴듯하게 잘하다.

### 입이 짧다
to eat very little, to be particular about one's food
음식을 심하게 가리거나 적게 먹다.

### 척하면 삼천리
to be able to read someone's intention or a situation very quickly
상대편의 의도나 돌아가는 상황을 재빠르게 알아차림을 비유적으로 이르는 말.

### 팔자가 늘어지다
to have a carefree life, to live a life of ease
근심이나 걱정이 없고 사는 것이 편안하다.

### 어휘와 표현
**걱정** worry
**견디다** to put up with
**고통스럽다** to be painful
**그럴듯하게** as if true
**근심** anxiety
**기막히다** to be shocked
**깐깐하다** to be meticulous
**늘이다** to stretch
**돌아가는 상황** current situation
**들어맞다** to fit
**따르다** to follow
**뜻밖에** unexpectedly
**만족스럽다** to be satisfactory
**불평하다** to complain
**빈틈없이** thoroughly
**상대편** opponent
**수량** quantity
**심하게** terribly
**씀씀이** spending (of money)
**알아차리다** to notice
**어리둥절하다** to be perplexed
**엿** Korean hard taffy
**엿장수** *yeot* (Korean hard taffy) seller
**음식을 가리다** to be picky about food
**의도** intention
**이랬다저랬다 하다** to blow hot and cold
**일정하다** to be steady
**재물** wealth
**재빠르게** quickly
**투덜대다** to grumble
**후하다** to be generous

## 연습문제를 풀어 보세요

STEP 1 영어로 된 아래의 설명에 해당하는 한국어 관용어를 적어 보세요.

01 to have a carefree life, to live a life of ease

02 to do something very painstakingly

03 to be able to read someone's intention or a situation very quickly

04 to eat very little, to be particular about one's food

05 to be very generous

06 to be dumbfounded or amazed because of a surprising or perplexing occurrence

07 as one likes, as one pleases

08 to not put into practice, to speak without action

09 to be perfectly matched, to square with / to have a matching number of

10 to complain while living comfortably, to boast

STEP 2 아래 예문에 알맞은 관용어를 채워 대화를 완성해 보세요.

01 가 저 아무래도 이 회사를 그만둬야 할까 봐요.
나 네? 남들은 들어오고 싶어도 못 들어오는 직장을 왜 그만둬요?
가 저도 ____________는 건 알지만 도저히 견딜 수가 없네요.
매일 야근에 주말까지 나와서 일을 하려니까 체력적으로 너무 힘이 들어서요.

02 가 내일 시험인데 공부 좀 하지 그렇게 누워서 만화책만 보고 있니?
나 이따가 저녁 먹고 하면 돼요.
가 내일이 시험인데 너처럼 ____________ 사람은 처음 봤다. 쯧쯧…….

03 가 학교 앞 떡볶이 가게는 일요일에 문을 안 열어요? 지난번에는 열었던 것 같은데 오늘은 닫았던데요.
나 그 가게는 작아서 그런지 ____________예요. 보통 평일에는 계속 여는데 일요일에는 주인이 바쁘거나 손님이 없을 거 같으면 문을 닫더라고요.

04 가 바닷가에 갔다가 가방을 도둑맞았어요. 잠깐 사진 찍으러 간 사이에 누가 차 유리창을 깨고 가방을 가지고 간 거 있죠.
나 그래요? 경찰에 신고했어요?
가 네. 경찰이 와서 조사하고 갔는데 정말 ____________어요.
진짜 5분도 안 걸렸는데 어떻게 된 일인지 모르겠어요.

05 가 무슨 음식을 이렇게 많이 하세요?
나 손님들을 초대했는데 음식이 모자라면 안 되잖아요. 차라리 남는 건 괜찮지만요.
가 그래도 이건 너무 많아요. 손님은 네 명인데 음식은 한 십 인분은 되겠어요.
정말 ____________.

06 가 수지 씨, 오늘 광수 씨가 와서 행사를 도와주기로 하지 않았어요?
나 네, 그렇게 말은 했지만 광수 씨는 맨날 도와준다고 말만 해놓고 오지 않아요.
가 광수 씨가 그렇게 ____________아서 말만 잘하는 사람인 줄 몰랐네요.

07 가 준수 씨, 이 빵 좀 드세요. 모두 배고프실 것 같아서 제가 싸 왔어요.
나 역시 수지 씨는 ____________예요. 빨리 나오느라고 아침도 못 먹고 왔는데 잘 됐네요.

08 가 최OO라는 뮤지컬 배우 알아요?
나 네, 알아요. 뮤지컬 공연계에서 꽤 유명해요.
가 저는 어제 텔레비전에서 처음으로 봤는데 완벽한 공연을 위해서 매일 밤늦게까지 연습하고 무대 위에서는 온몸을 내던진다고 하더라고요.
나 그렇게 ____________는 노력을 했으니까 성공을 했겠죠.

09 가 진수 씨와 민수 씨는 형제 사이인데 정말 다르게 생겼네요. 진수 씨는 키도 크고 체격도 건장하고…….
나 제 동생 민수는 어렸을 때부터 ____________아서 음식을 많이 안 먹었어요. 그래서 저보다 키도 작은 편이죠. 어머니께서도 민수가 밥을 잘 안 먹어서 너무 힘들어 하셨어요.

10 가 과연 북한이 정말로 4차 핵실험을 했을까요?
나 지금 여러 가지 정황을 봤을 때 ____________는 걸 보면 핵실험을 했다는 주장이 사실인 것 같아요.

**어휘와 표현**

- **건장하다** to be buff
- **공연** performance
- **공연계** performing arts field
- **깨다** to break
- **노력하다** to make an effort
- **도둑맞다** to have something stolen
- **만화책** comic book
- **몸을 내던지다** to throw oneself into (some activity)
- **무대** stage
- **배가 고프다** to be hungry
- **배우** actor/actress
- **사실** truth
- **성공하다** to succeed
- **신고하다** to report
- **싸 오다** to pack and bring
- **야근** overtime
- **완벽하다** to be perfect
- **유리창** window
- **이따가** later
- **정황** situation
- **조사하다** to investigate
- **주장** assertion
- **체격** physique
- **체력적으로** physically
- **평일** weekdays
- **핵실험** nuclear test
- **행사** event
- **형제** brother

## 친구와 함께 해요

◎ 친한 친구나 가족을 인터뷰하고 아래 표를 완성해 보세요.

| 질문 | 친구 이름: | 친구 이름: |
|---|---|---|
| _______씨는 혹시 뼈를 깎는 노력을 해서 바꿔야 하는 나쁜 습관이 있어요? | | |
| _______씨가 아는 사람 중에 손이 제일 큰 사람은 누구예요? 왜 그렇게 생각해요? | | |
| 주위에 팔자가 늘어진 친구가 있어요? 왜 그렇게 생각해요? 그런 사람들은 어떤 특징들이 있나요? | | |

◎ 이 과에서 배운 관용어를 사용해서 아래 그림의 상황을 짧게 설명해 보세요.

예 발레리나 강수진 씨는 어려서부터 뼈를 깎는(painstaking) 노력을 한 사람으로 유명해요. 발을 보면 얼마나 열심히 노력했는지 알 수 있어요.

Unit 30

# 한 우물만 파서 성공한 사람이에요

*to succeed by focusing on one goal*

## 읽어봅시다

민지 스티브 씨, 기자들이 옆집 앞에 왜 저렇게 많이 있어요?

스티브 옆집에 영화배우 김OO 씨가 사는데 스캔들 기사가 났어요. 그래서 취재하려고 왔나 봐요.

민지 김OO 씨라면 지난번 스캔들이 났을 때도 거짓말을 했던 사람이잖아요. 그 사람은 자기 사생활에 대해서 아주 [1]소설을 쓰는 것 같던데요. 모르긴 몰라도 이번에도 같이 스캔들 난 사람이랑 미리 [2]입을 맞춰 놨을 거예요.

스티브 그래도 요즘은 네티즌들이 기자들보다 [3]한술 더 떠서 먼저 증거 사진이나 관련 자료들을 인터넷에 올리니까 속이기도 힘들어요.

민지 맞아요. 옛날에는 스캔들을 막기 위해서 기자들에게 [4]약을 치는 경우도 있었지만 확실한 증거가 있으면

Minji Steve, why are there so many reporters in front of your neighbor's house?

Steve The actor Kim OO lives there, and there was a news about a scandal he is involved in. I think they're here to get more news.

Minji Isn't Kim OO the person who lied about that past scandal? He seems [1]to be lying profusely about his private life. I don't know for sure, but he must have already [2]matched what he will say with the other person involved in the scandal.

Steve But it's hard to deceive these days because netizens [3]take the next step and post evidential photos or related information.

Minji That's right. In the past, there were cases in which reporters would be [4]given bribes

[5]말발이 서지 않죠.

스티브 그 사람은 벌써 여러 번 팬들의 눈 밖에 났어요. 이제 다시 인기 얻는 일은 [6]물 건너간 것 같네요.

민지 어쨌든 안타깝네요. 김OO 씨는 어려서부터 [7]한 우물만 파서 성공한 사람인데…….

스티브 일하는 [8]손은 매운데 사생활 관리가 안 되는 사람들이 가끔 있지요.

민지 그 바닥에서 [9]잔뼈가 굵은 사람이 이제 와서 다른 일을 하기도 쉽지 않을 텐데 안됐네요.

스티브 안되긴 했지만, 그 사람과 팬들 사이의 [10]골이 깊어져서 옛날처럼 인기를 얻기는 쉽지 않을 것 같아요.

to prevent posts about scandals, but when there is clear evidence, [5]there's not as much influence.

**Steve** Kim has lost favor with his fans many times already. [6]It's too late for him to become popular again.

**Minji** Well, it is a pity. Kim OO succeeded by [7]pursuing one goal ever since he was young…

**Steve** Sometimes there are people who [8]are very skillful and successful in what they do but cannot manage their private lives.

**Minji** Considering that it will be difficult for him to find another job after [9]being in that field for a long time, that's too bad.

**Steve** It's pitiful, but it won't be easy to become popular again because his [10]relationship with his fans has gotten worse.

## 워밍업퀴즈 아래 관용어들을 직역(Literal meaning) 하면 무슨 뜻인지 찾아 연결하세요.

| | | | |
|---|---|---|---|
| ㄱ | 골이 깊다 | A | to spray medicine |
| ㄴ | 말발이 서다 (반: 말발이 서지 않다) | B | to scoop one more spoonful |
| ㄷ | 물 건너가다 | C | the valley is deep |
| ㄹ | 소설을 쓰다 | D | small bones are getting thicker |
| ㅁ | 손이 맵다 | E | hands are spicy |
| ㅂ | 약을 치다 | F | to cross the water |
| ㅅ | 입을 맞추다 | G | to dig one well |
| ㅇ | 잔뼈가 굵다 | H | to match lips |
| ㅈ | 한술 더 뜨다 | I | to write a novel |
| ㅊ | 한 우물을 파다 | J | words stand with power (ant.: words do not stand with power) |

### 어휘와 표현

가끔 often
관련 자료 related information
관리 management
그 바닥에서 in that field (slang)
네티즌 netizens (Internet users)
막다 to block
모르긴 몰라도 to not know for sure
속이다 to deceive
스캔들 scandal
어리다 to be young
예전 the past
이제 와서 at this belated time
인기를 얻다 to become popular
인터넷에 올리다 to post on the Internet
증거 evidence
취재하다 to investigate a case
확실하다 to be certain

## 핵심표현 익히기 뜻을 영어와 한국어로 확인하고, 여러분의 생각과 비교해 보세요.

### 곰이 깊다
to be on bad terms
사이가 나쁘다.

### 말발이 서다 (반: 말발이 서지 않다)
to have a solid foundation for an argument, to be influential in one's speaking (ant.: to have no influence in one's speaking)
말하는 대로 잘 이루어지다. (반: 말하는 대로 시행이 되지 않다.)

### 물 건너가다
the time to achieve one's aims has passed
일이 이미 이루어지기 힘들게 되다.

### 소설을 쓰다
to make something up, to tell a lie
지어내어 말하거나 거짓말을 하다.

### 손이 맵다
① to be very skillful and dexterous ② to have hands that cause pain even when one hits someone very lightly
① 일하는 것이 빈틈없고 매우 야무지다. ② 손으로 슬쩍 때려도 몹시 아프다.

### 약을 치다 (비)
to give a bribe (slang)
뇌물을 주다.

### 입을 맞추다
to match or get your respective stories straight in advance
서로 말하는 내용이 같도록 미리 준비하다.

### 잔뼈가 굵다
to be involved in a certain field of work for a long time
오랜 기간 일정한 곳이나 직장에서 일을 하여 그 일에 익숙하다.

### 한술 더 뜨다
① to outdo ② to outwit, to outsmart
① 이미 어느 정도 잘못되어 있는 일에 대하여 한 단계 더 나아가 엉뚱한 짓을 하다.
② 남이 생각하고 있는 것을 미리 헤아려 거기에 대처할 계획을 세우다.

### 한 우물을 파다
to pursue only one goal
한 가지 일에 몰두하여 끝까지 하다.

#### 어휘와 표현

**나아가다** to advance
**뇌물** bribe
**단계** phase
**대처하다** to cope with
**매우** very
**몰두하다** to concentrate on
**빈틈없다** to be thorough
**슬쩍 때리다** to hit slightly
**야무지다** to be shrewd
**엉뚱하다** to be eccentric
**이루어지다** to come true
**일정한 곳** certain place
**지어내다** to make up (lies)
**헤아리다** to fathom

## 연습문제를 풀어 보세요

**STEP 1** 영어로 된 아래의 설명에 해당하는 한국어 관용어를 적어 보세요.

01 to pursue only one goal

02 to be involved in a certain field of work for a long time

03 to have a solid foundation for an argument / to be influential in one's speaking

04 to make something up, to tell a lie

05 the time to achieve one's aims has passed

06 to give a bribe

07 to match or get your respective stories straight in advance

08 to outdo / to outwit, to outsmart

09 to be very skillful and dexterous / to have hands that cause pain even when one hits someone very lightly

10 to be on bad terms

STEP 2 아래 예문에 알맞은 관용어를 채워 대화를 완성해 보세요.

01 가 민수야, 너 웃을 때 나 좀 때리면서 웃지마.
나 왜? 정말 재미있어서 그러는 건데.
가 너는 정말 ______________서 조금만 건드려도 아파.

02 가 미국 대학에서는 전공을 바꾸기가 쉽다면서요?
나 네, 그렇게 어렵지는 않아요. 고등학생 때 자기 적성을 알기가 쉽지 않잖아요.
가 보통 한국에서는 대학에 들어가면 전공을 잘 바꾸지 않아요. 전공을 바꾸는 과정도 복잡하지만 보통 ______________는 사람이 성공한다고 생각하거든요.

03 가 이번 버스 노조의 파업이 잘 해결될 수 있을까요?
나 글쎄요. 워낙 노사 간에 갈등의 ______________어서 해결되기가 쉽지는 않을 것 같아요.

04 가 과연 이번 대통령 선거에서 야권이 후보 단일화에 성공할까요?
나 지난번 기자회견에서 야권 통합을 거부했기 때문에 후보 단일화는 이미 ______________다고 볼 수 있죠.

05 가 회사 사정이 안 좋아서 이번에는 보너스가 없대요.
나 저도 그 얘기 들었어요. 그런데 옆 부서는 ______________서 월급도 깎인다는 소문이 있어요.

06 가 방금 만났던 신 피디는 주로 예능 프로그램을 만들던 분 아니에요?
나 네, 원래 입사할 때부터 예능국에서 ______________은 사람이지만 이번에는 드라마를 만드나 봐요.

07 가 제가 집주인한테 보증금을 아직 다 못 돌려받았는데 어떻게 하죠?
나 아니, 내일 이사를 가는데 그게 무슨 말이에요? 빨리 달라고 계속 재촉해야지요!
가 제가 예전에 월세를 늦게 낸 적이 있어서 ______________지 않아서요. 그래서 일단 알겠다고 했어요.
나 제가 대신 말해 드릴까요? 돈 계산은 정확히 해야 해요.

08 가 지난주 동아리 모임에서 수지 씨랑 준호 씨한테 무슨 일 있었어요? 아무래도 분위기가 좀 이상하던데…….
나 두 사람이 의견 차이로 다툰 것 같기는 한데 서로 말을 안 하기로 ______________나봐요. 물어봐도 대답을 안 하더라고요.

09 가 북한 체제에 관한 남한 측 전망에 북한은 어떤 태도를 보이나요?
나 남한 측에서 무슨 발표를 하든 북한은 남한과 서방세계의 연구결과나 전망은 전혀 사실에 기반을 두지 않았다고 주장해요. 정확한 정보도 없이 그저 ______________는 수준이라고 평가절하하고 있어요.

10 가 다음 달 회사 행사 장소를 잡아야 하는데 어디가 좋을까요? 혹시 빌릴 수 있는 장소가 있어요?
나 제가 지난번에 갔던 펜션 사장님께 이미 ______________놓았어요. 펜션 전체를 이틀 동안 싸게 빌리기로 했으니까 걱정하지 마세요.

**어휘와 표현**

- 갈등 conflict
- 거부하다 to reject
- 건드리다 to touch
- 과연 indeed
- 과정 process
- 기반하다 to be based on
- 기자회견 press conference
- 깎이다 to be cut
- 노조 labor union
- 다투다 to argue
- 단일화 unification (agreement on a single candidate)
- 대통령 선거 presidential election
- 돈 계산 calculations of money
- 돌려받다 to get back
- 때리다 to hit
- 보증금 deposit
- 사장 president of a company
- 서방 the West
- 수집 collection
- 야권 opposition party
- 연구 결과 research result
- 예능 entertainment
- 예능국 entertainment department
- 월세 montly rent
- 의견 차이 difference in opinion(s)
- 입사하다 to enter a company
- 장소를 잡다 to reserve a place
- 재촉하다 to press someone (for something)
- 적성 aptitude
- 전공 major
- 전체 whole
- 정확하다 to be accurate
- 주장하다 to insist
- 집주인 house owner, landlord
- 체제 system
- 태도 attitude
- 통합 integration
- 파업 strike
- 펜션 rental cottage
- 평가절하 devaluation
- 피디 director (of a TV program)
- 현실 reality
- 후보 candidate

## 친구와 함께 해요

○ 친한 친구나 가족을 인터뷰하고 아래 표를 완성해 보세요.

| 질문 | 친구 이름: | 친구 이름: |
|---|---|---|
| _____씨는 손이 매운 편이에요? 왜 그렇게 생각해요? | | |
| _____씨는 혹시 누군가와 어떤 일로 골이 깊어져 본 적이 있어요? 왜 그랬어요? 그래서 어떻게 했어요? | | |
| 요즘 같은 세상에서 한 우물을 파는 것과 다양한 경험을 하는 것 중 어느 것이 더 중요할까요? 왜 그렇게 생각해요? | | |

○ 이 과에서 배운 관용어를 사용해서 아래 그림의 상황을 짧게 설명해 보세요.

예 세금(tax)이 너무 비싸지니까 비싼 세금을 피하려고(to avoid) 한술 더 떠서 가짜로(fake) 이혼하는 (to divorce) 사람들이 늘고(to increase) 있대요.

# Answers

## Unit 01 걱정이 태산이에요 P.10

| 워밍업퀴즈 | | | STEP 1 | STEP 2 |
|---|---|---|---|---|
| ㄱ | F | 01 | 피부로 느끼다 | 눈코 뜰 새 없 |
| ㄴ | A | 02 | 바람을 쐬다 | 엉덩이를 붙이 |
| ㄷ | B | 03 | 머리를 식히다 | 머리를 식히 |
| ㄹ | E | 04 | 첫발을 떼다 | 걱정이 태산이에요 |
| ㅁ | J | 05 | 엉덩이를 붙이다 | 첫발을 떼 |
| ㅂ | C | 06 | 걱정이 태산이다 | 발등에 불 (먼저) 끄 |
| ㅅ | D | 07 | 눈코 뜰 새 없다 | 신경을 쓰 |
| ㅇ | I | 08 | 손에 잡히지 않다 | 피부로 느껴지 |
| ㅈ | H | 09 | 발등에 불을 끄다 | 손에 잡히지 않 |
| ㅊ | G | 10 | 신경을 쓰다 | 바람 쐬 |

## Unit 02 시간 가는 줄도 몰랐어요 P.16

| 워밍업퀴즈 | | | STEP 1 | STEP 2 |
|---|---|---|---|---|
| ㄱ | B | 01 | 귀에 들어가다 | 문을 열 |
| ㄴ | F | 02 | 눈이 높다 | 시간 가는 줄 몰랐 |
| ㄷ | E | 03 | 한 치 앞을 못 보다 | 얼굴에 써 있어요 |
| ㄹ | I | 04 | 얼굴에 써 있다 | 온실 속의 화초 |
| ㅁ | C | 05 | 눈치를 보다 | 눈이 높 |
| ㅂ | H | 06 | 문을 열다 | 귀에 들어가 |
| ㅅ | J | 07 | 시간 가는 줄 모르다 | 보는 눈이 있 |
| ㅇ | G | 08 | 온실 속의 화초 | 마음에 두 |
| ㅈ | D | 09 | 마음에 두다 | 눈치를 보 |
| ㅊ | A | 10 | 보는 눈이 있다 | 한 치 앞을 못 봐 |

## Unit 03 눈 깜짝할 사이에 1년이 흘렀어요 P.22

| 워밍업퀴즈 | | | STEP 1 | STEP 2 |
|---|---|---|---|---|
| ㄱ | B | 01 | 눈 깜짝할 사이 | 눈 깜짝할 사이 |
| ㄴ | F | 02 | 으름장을 놓다 | 꿈인지 생시인지 |
| ㄷ | G | 03 | 우물 안 개구리 | 눈치가 빠른 |
| ㄹ | C | 04 | 길이 열리다 | 머리가 굳 |
| ㅁ | E | 05 | 덕을 보다 | 으름장을 놓 |
| ㅂ | H | 06 | 꿈인지 생시인지 | 우물 안 개구리 |
| ㅅ | I | 07 | 눈치가 빠르다 | 덕을 봤 |
| ㅇ | J | 08 | 물불을 가리지 않다 | 길을 열었 |
| ㅈ | A | 09 | 목이 빠지게 기다리다 | 목이 빠지게 기다리 |
| ㅊ | D | 10 | 머리가 굳다 | 물불을 가리지 않 |

## Unit 04 제 귀가 어두운가 봐요 P.28

| 워밍업퀴즈 | | | STEP 1 | STEP 2 |
|---|---|---|---|---|
| ㄱ | H | 01 | 풀이 죽다 | 풀이 죽 |
| ㄴ | I | 02 | 귀가 어둡다 | 귀를 기울이 |
| ㄷ | A | 03 | 귀를 기울이다 | 귀가 어두워지셨어요 |
| ㄹ | F | 04 | 말문이 막히다 | 목을 축이 |
| ㅁ | B | 05 | 얼굴을 붉히다 | 얼굴을 붉힌 |
| ㅂ | G | 06 | 눈 하나 깜짝 안 하다 | 말문이 막혀요 |
| ㅅ | J | 07 | 목을 축이다 | 목이 타 |
| ㅇ | C | 08 | 말도 안 되다 | 말도 안 돼요 |
| ㅈ | D | 09 | 눈감아 주다 | 눈 하나 깜짝 안 해요 |
| ㅊ | E | 10 | 목이 타다 | 눈감아 줄 |

## Unit 05 가슴이 뜨끔했어요 P.34

| 워밍업퀴즈 | | | STEP 1 | STEP 2 |
|---|---|---|---|---|
| ㄱ | B | 01 | 가슴이 뜨끔하다 | 밤눈이 어두워 |
| ㄴ | F | 02 | 진땀을 빼다 | 발 디딜 틈도 없었어요 |
| ㄷ | G | 03 | 발 디딜 틈도 없다 | 진땀을 뺐어요 |
| ㄹ | D | 04 | 꿈에도 생각지 못하다 | 상다리가 부러지 |
| ㅁ | J | 05 | 숨이 트이다 | 꿈에도 생각지 못했어요 |
| ㅂ | I | 06 | 상다리가 부러지다 | 숨이 막히 |
| ㅅ | H | 07 | 발등을 찍히다 | 가슴이 뜨끔하 |
| ㅇ | E | 08 | 밤눈이 어둡다 | 발등을 찍히 |
| ㅈ | C | 09 | 물귀신이 되다 | 물귀신이 되었 |
| ㅊ | A | 10 | 입이 무겁다 | 입이 무거우 |

## Unit 06 이미 엎질러진 물이에요 P.40

| 워밍업퀴즈 | | | STEP 1 | STEP 2 |
|---|---|---|---|---|
| ㄱ | C | 01 | 트집을 잡다 | 진이 빠졌어요 |
| ㄴ | D | 02 | 군침을 삼키다 | 트집을 잡으실 |
| ㄷ | E | 03 | 맛이 가다 | 맛이 갔어요 |
| ㄹ | I | 04 | 침을 뱉다 | 군침을 삼키 |
| ㅁ | H | 05 | 엎질러진 물이다 | 성을 갈 |
| ㅂ | J | 06 | 진이 빠지다 | 열이 올라요 |
| ㅅ | G | 07 | 치가 떨리다 | 입이 닳 |
| ㅇ | F | 08 | 입이 닳다 | 치가 떨려요 |
| ㅈ | B | 09 | 열이 오르다 | 엎질러진 물 |
| ㅊ | A | 10 | 성을 갈다 | 침을 뱉 |

## Unit 07 가슴이 찢어지더라고요 P.46

| 워밍업퀴즈 | | | STEP 1 | STEP 2 |
|---|---|---|---|---|
| ㄱ | J | 01 | 어깨를 나란히 하다 | 어깨를 나란히 하 |
| ㄴ | F | 02 | 가슴에 불이 붙다 | 숨을 거둔 |
| ㄷ | B | 03 | 가슴이 찢어지다 | 살을 붙 |
| ㄹ | I | 04 | 숨을 거두다 | 분초를 다투 |
| ㅁ | C | 05 | 눈을 피하다 | 어깨가 무겁 |
| ㅂ | G | 06 | 눈길을 끌다 | 가슴에 불이 붙었어요 |
| ㅅ | E | 07 | 등을 돌리다 | 눈길을 끌 |
| ㅇ | H | 08 | 어깨가 무겁다 | 가슴이 찢어지 |
| ㅈ | D | 09 | 살을 붙이다 | 눈을 피해요 |
| ㅊ | A | 10 | 분초를 다투다 | 등을 돌리 |

## Unit 08 불꽃 튀는 경쟁이에요 P.52

| 워밍업퀴즈 | | | STEP 1 | STEP 2 |
|---|---|---|---|---|
| ㄱ | I | 01 | 잠귀가 밝다 | 귀에 거슬려 |
| ㄴ | A | 02 | 귀에 거슬리다 | 정신을 차리 |
| ㄷ | E | 03 | 발목이 잡히다 | 동이 났 |
| ㄹ | F | 04 | 눈총을 받다 | 백기를 들 |
| ㅁ | B | 05 | 정신을 차리다 | 불꽃이 튀 |
| ㅂ | J | 06 | 배가 아프다 | 배가 아픈 |
| ㅅ | G | 07 | 문턱이 닳도록 드나들다 | 문턱이 닳도록 드나들었어요 |
| ㅇ | C | 08 | 동이 나다 | 잠귀가 밝 |
| ㅈ | D | 09 | 백기를 들다 | 발목이 잡혀 |
| ㅊ | H | 10 | 불꽃이 튀다 | 눈총을 받은 |

## Unit 09 눈앞이 캄캄해요 P.58

| 워밍업퀴즈 | | | STEP 1 | STEP 2 |
|---|---|---|---|---|
| ㄱ | F | 01 | 한 배를 타다 | 눈앞이 캄캄해요 |
| ㄴ | B | 02 | 꼬리에 꼬리를 물다 | 벽에 부딪쳤어요 |
| ㄷ | I | 03 | 눈앞이 캄캄하다 | 찬물을 끼얹을 |
| ㄹ | A | 04 | 벽에 부딪치다 | 꼬리에 꼬리를 물고 있 |
| ㅁ | J | 05 | 빼도 박도 못하다 | 몸에 밴 |
| ㅂ | C | 06 | 비위가 상하다 | 한 배를 탔 |
| ㅅ | H | 07 | 찬물을 끼얹다 | 빼도 박도 못해요 |
| ㅇ | E | 08 | 몸에 배다 | 단물만 빨아먹 |
| ㅈ | G | 09 | 벽을 쌓다 | 비위가 상해 |
| ㅊ | D | 10 | 단물만 빨아먹다 | 벽을 쌓 |

## Unit 10 앞뒤가 맞지 않아요 P.64

| 워밍업퀴즈 | | | STEP 1 | STEP 2 |
|---|---|---|---|---|
| ㄱ | H | 01 | 금이 가다 | 눈에 익 |
| ㄴ | E | 02 | 눈에 익다 | 금이 가 |
| ㄷ | F | 03 | 앞뒤가 안 맞다 | 병나발을 불 |
| ㄹ | A | 04 | 헛다리를 짚다 | 펜대를 놀려 |
| ㅁ | B | 05 | 펜대를 놀리다 | 헛다리만 짚 |
| ㅂ | J | 06 | 찬바람이 일다 | 말에 가시가 있 |
| ㅅ | C | 07 | 쥐꼬리만 하다 | 쥐꼬리만 |
| ㅇ | G | 08 | 인상을 쓰다 | 찬바람이 일 |
| ㅈ | D | 09 | 말에 가시가 있다 | 앞뒤가 맞지 않 |
| ㅊ | I | 10 | (병)나발을 불다 | 인상을 쓰셨어요 |

## Unit 11 손버릇이 나빠요 P.70

| 워밍업퀴즈 | | | STEP 1 | STEP 2 |
|---|---|---|---|---|
| ㄱ | H | 01 | 볼 낯이 없다 | 뾰족한 수가 없 |
| ㄴ | A | 02 | 꼬리가 길다 | 바늘방석에 앉은 것 같 |
| ㄷ | B | 03 | 바늘방석에 앉은 것 같다 | 손버릇이 나쁜 |
| ㄹ | J | 04 | 손버릇이 나쁘다 | 속이 시커멓 |
| ㅁ | G | 05 | 속을 썩이다 | 꼬리를 잡혔 |
| ㅂ | F | 06 | 뾰족한 수가 없다 | 귀에 못이 박히도록 |
| ㅅ | E | 07 | 고개를 들지 못하다 | 고개를 들지도 못 |
| ㅇ | I | 08 | 속이 시커멓다 | 속을 썩였었어요 |
| ㅈ | D | 09 | 꼬리를 잡다 | 볼 낯이 없어요 |
| ㅊ | C | 10 | 귀에 못이 박히다 | 꼬리가 길 |

## Unit 12 서로 호흡이 잘 맞아요 P.76

| 워밍업퀴즈 | | | STEP 1 | STEP 2 |
|---|---|---|---|---|
| ㄱ | A | 01 | 호흡이 맞다 | 마음을 졸 |
| ㄴ | B | 02 | 마음을 졸이다 | 입이 딱 벌어지 |
| ㄷ | I | 03 | 혀을 내두르다 | 호흡이 잘 맞 |
| ㄹ | F | 04 | 눈살을 찌푸리다 | 손에 꼽는, 손꼽아 기다리 |
| ㅁ | H | 05 | 손에 땀을 쥐다 | 한숨 돌리 |
| ㅂ | D | 06 | 해가 서쪽에서 뜨다 | 혀를 내둘렀어요 |
| ㅅ | E | 07 | 입이 (딱) 벌어지다 | 해가 서쪽에서 뜰 |
| ㅇ | G | 08 | 손에 꼽다 | 눈살을 찌푸리 |
| ㅈ | C | 09 | 하늘과 땅 | 하늘과 땅 |
| ㅊ | J | 10 | 한숨 돌리다 | 손에 땀을 쥐 |

## Unit 13 손을 놓을 수가 없어요 P.82

| 워밍업퀴즈 | | | STEP 1 | STEP 2 |
|---|---|---|---|---|
| ㄱ | H | 01 | 손을 놓다 | 새우잠을 잤 |
| ㄴ | A | 02 | 피가 거꾸로 솟다 | 밥 먹듯 해요 |
| ㄷ | B | 03 | 뒷짐 지다 | 입만 아파요 |
| ㄹ | G | 04 | 입만 아프다 | 뒷짐 지고 |
| ㅁ | J | 05 | (매운, 쓴)맛을 보여 주다 | 손가락 하나 까딱하지 않 |
| ㅂ | I | 06 | 손가락 하나 까딱하지 않다 | 손을 놓을 |
| ㅅ | D | 07 | 새우잠을 자다 | 뒤통수를 맞은 |
| ㅇ | E | 08 | 뒤통수를 맞다 | 피가 거꾸로 솟는 |
| ㅈ | C | 09 | 밥 먹듯 하다 | 순풍에 돛을 단 |
| ㅊ | F | 10 | 순풍에 돛을 달다 | 매운맛을 보여 |

## Unit 14 제 눈에 안경이에요 P.88

| 워밍업퀴즈 | | | STEP 1 | STEP 2 |
|---|---|---|---|---|
| ㄱ | I | 01 | 하늘 높은 줄 모르다 | 가방끈이 긴 |
| ㄴ | G | 02 | 콧대가 높다 | 고삐 풀린 망아지 |
| ㄷ | A | 03 | 가방끈이 길다 | 헌신짝같이 버리 |
| ㄹ | E | 04 | 고삐 풀린 망아지 | 콧대가 높아요 |
| ㅁ | H | 05 | 헌신짝같이 버리다 | 불 보듯 훤해요 |
| ㅂ | B | 06 | 목에 힘을 주다 | 뼈대 있는 집안 |
| ㅅ | F | 07 | 불 보듯 훤하다 | 제 눈에 안경 |
| ㅇ | J | 08 | 제 눈에 안경 | 주머니를 털 |
| ㅈ | D | 09 | 주머니를 털다 | 하늘 높은 줄 모르고 |
| ㅊ | C | 10 | 뼈대 있는 집안 | 목에 힘을 주는 |

## Unit 15 날개 돋친 듯이 팔리더라고요 P.94

| 워밍업퀴즈 | | | STEP 1 | STEP 2 |
|---|---|---|---|---|
| ㄱ | H | 01 | 주머니가 가볍다 | 판에 박은 듯하 |
| ㄴ | G | 02 | 수박 겉핥기 | 가려운 데를 긁어 주었 |
| ㄷ | D | 03 | 판에 박은 듯하다 | 그림의 떡 |
| ㄹ | J | 04 | 날개 돋친 듯이 | 날개 돋친 듯이 |
| ㅁ | E | 05 | 독 안에 든 쥐 | 구미를 돋워 |
| ㅂ | C | 06 | 간에 기별도 안 가다 | 독 안에 든 쥐 |
| ㅅ | A | 07 | 걸신이 들리다 | 간에 기별도 안 가요 |
| ㅇ | I | 08 | 구미를 돋우다 | 걸신이 들린 |
| ㅈ | F | 09 | 그림의 떡 | 주머니가 가벼운 |
| ㅊ | B | 10 | 가려운 데를 긁어 주다 | 수박 겉핥기 |

## Unit 16 살얼음을 밟는 것 같아요 P.100

| 워밍업퀴즈 | | | STEP 1 | STEP 2 |
|---|---|---|---|---|
| ㄱ | F | 01 | 코가 꿰이다 | 살얼음을 밟 |
| ㄴ | B | 02 | 뼈 빠지게 | 눈이 삔 |
| ㄷ | A | 03 | 뒤를 캐다 | 낯이 두꺼운 |
| ㄹ | J | 04 | 눈 밖에 나다 | 개뿔도 없 |
| ㅁ | G | 05 | 기가 죽다 | 코가 꿰 |
| ㅂ | E | 06 | 살얼음을 밟다 | 기가 죽 |
| ㅅ | I | 07 | 못이 박히다 | 눈 밖에 났어요 |
| ㅇ | C | 08 | 낯이 두껍다 | 못이 박혔 |
| ㅈ | D | 09 | 개뿔도 없다 | 뼈 빠지게 |
| ㅊ | H | 10 | 눈이 삐다 | 뒤를 캐 |

## Unit 17 구설에 올랐어요 P.106

| 워밍업퀴즈 | | | STEP 1 | STEP 2 |
|---|---|---|---|---|
| ㄱ | E | 01 | 홍수를 이루다 | 홍수를 이루었 |
| ㄴ | I | 02 | 구설에 오르다 | 눈이 맞았어요 |
| ㄷ | J | 03 | 냄새를 맡다 | 구설에 오른 |
| ㄹ | B | 04 | 화살을 돌리다 | 화살을 돌리 |
| ㅁ | F | 05 | 눈에 불을 켜다 | 등골이 오싹해 |
| ㅂ | D | 06 | 등골이 오싹하다 | 밥맛 떨어져요 |
| ㅅ | A | 07 | 눈이 맞다 | 눈에 불을 켜 |
| ㅇ | H | 08 | 머리를 쓰다 | 냄새를 맡 |
| ㅈ | C | 09 | 뒤가 구리다 | 머리를 쓰는 |
| ㅊ | G | 10 | 밥맛이 떨어지다 | 뒤가 구릴 |

## Unit 18 고개가 수그러져요 P.112

| 워밍업퀴즈 | | | STEP 1 | STEP 2 |
|---|---|---|---|---|
| ㄱ | C | 01 | 가슴을 치다 | 피를 보 |
| ㄴ | F | 02 | 올가미를 씌우다 | 쥐뿔도 모른 |
| ㄷ | J | 03 | 고개가 수그러지다 | 눈시울이 뜨거워졌어요 |
| ㄹ | A | 04 | 무릎을 꿇다 | 올가미를 씌워 |
| ㅁ | B | 05 | 손을 벌리다 | 가슴을 치 |
| ㅂ | E | 06 | 눈시울이 뜨거워지다 | 무릎을 꿇었 |
| ㅅ | G | 07 | 쥐뿔도 모르다 | 손을 벌리 |
| ㅇ | D | 08 | 피를 보다 | 바람을 일으켜 |
| ㅈ | I | 09 | 무덤을 파다 | 고개가 수그러져요 |
| ㅊ | H | 10 | 바람을 일으키다 | 무덤을 파 |

## Unit 19 찬밥 더운밥 가릴 때가 아니에요 P.118

| 워밍업퀴즈 | | | STEP 1 | STEP 2 |
|---|---|---|---|---|
| ㄱ | F | 01 | 홑몸이 아니다 | 돼지 멱따는 소리 |
| ㄴ | J | 02 | 돼지 멱따는 소리 | 마음은 굴뚝같 |
| ㄷ | A | 03 | 허리띠를 졸라매다 | 뜸 들이 |
| ㄹ | C | 04 | 마음이 굴뚝같다 | 허리띠를 졸라매 |
| ㅁ | I | 05 | 칼자루를 쥐다 | 찬밥 더운밥 가릴 |
| ㅂ | E | 06 | 엉덩이가 무겁다 | 몸 둘 바를 모르 |
| ㅅ | G | 07 | 엎친 데 덮치다 | 엉덩이가 무거운 |
| ㅇ | B | 08 | 찬밥 더운밥 가리다 | 칼자루를 쥐고 |
| ㅈ | D | 09 | 뜸을 들이다 | 엎친 데 덮친 |
| ㅊ | H | 10 | 몸 둘 바를 모르다 | 홑몸도 아닌 |

## Unit 20 눈썰미가 있어요 P.124

| 워밍업퀴즈 | | | STEP 1 | STEP 2 |
|---|---|---|---|---|
| ㄱ | G | 01 | 귀가 가렵다 | 눈썰미가 좋 |
| ㄴ | C | 02 | 낯이 뜨겁다 | 코를 납작하 |
| ㄷ | F | 03 | 코를 납작하게 하다 | 국물도 없어요 |
| ㄹ | A | 04 | 물로 보다 | 귀가 가려우 |
| ㅁ | J | 05 | 국물도 없다 | 옆구리를 찔렀 |
| ㅂ | E | 06 | 눈썰미가 좋다 | 물로 보 |
| ㅅ | D | 07 | 말꼬리를 물고 늘어지다 | 말꼬리를 물고 늘어지 |
| ㅇ | H | 08 | 말을 맞추다 | 꼬리를 내리 |
| ㅈ | B | 09 | 꼬리를 내리다 | 낯이 뜨거운 |
| ㅊ | I | 10 | 옆구리를 찌르다 | 말을 맞추 |

## Unit 21 녹초가 됐어요 P.130

| 워밍업퀴즈 | | | STEP 1 | STEP 2 |
|---|---|---|---|---|
| ㄱ | F | 01 | 줄행랑을 놓다 | 하늘이 노래지 |
| ㄴ | E | 02 | 간이 크다 | 필름이 끊겼 |
| ㄷ | J | 03 | 꿩 구워 먹은 소식 | 간이 크 |
| ㄹ | B | 04 | 하늘이 노래지다 | 사족을 못 써요. |
| ㅁ | H | 05 | 필름이 끊기다 | 꿩 구워 먹은 소식 |
| ㅂ | D | 06 | 녹초가 되다 | 녹초가 됐어요 |
| ㅅ | G | 07 | 도마에 오르다 | 떡이 된 |
| ㅇ | A | 08 | 떡이 되다 | 줄행랑을 놓았 |
| ㅈ | C | 09 | 물거품이 되다 | 도마에 오른 |
| ㅊ | I | 10 | 사족을 못 쓰다 | 물거품이 됐어요 |

## Unit 22 직성이 풀려요 P.136

| 워밍업퀴즈 | | | STEP 1 | STEP 2 |
|---|---|---|---|---|
| ㄱ | C | 01 | 직성이 풀리다 | 눈에 넣어도 아프지 않을 |
| ㄴ | J | 02 | 파리를 날리다 | 등골을 뽑 |
| ㄷ | F | 03 | 눈독을 들이다 | 눈독을 들이 |
| ㄹ | A | 04 | 눈에 넣어도 아프지 않다 | 파리를 날리 |
| ㅁ | B | 05 | 변덕이 죽 끓듯 하다 | 눈이 돌아갔어요 |
| ㅂ | H | 06 | 색안경을 끼고 보다 | 직성이 풀리 |
| ㅅ | I | 07 | 등골을 뽑다 | 무릎을 치 |
| ㅇ | G | 08 | 바가지를 씌우다 | 바가지를 씌운 |
| ㅈ | E | 09 | 눈이 돌아가다 | 변덕이 죽 끓듯 해 |
| ㅊ | D | 10 | 무릎을 치다 | 색안경을 끼고 |

## Unit 23 미역국을 먹었어요 P.142

| 워밍업퀴즈 | | | STEP 1 | STEP 2 |
|---|---|---|---|---|
| ㄱ | E | 01 | 싹수가 없다 | 고무신을 거꾸로 신 |
| ㄴ | H | 02 | 구색을 맞추다 | 싹수가 있 |
| ㄷ | A | 03 | 미역국을 먹다 | 미역국을 먹 |
| ㄹ | J | 04 | 말짱 도루묵 | 말짱 도루묵 |
| ㅁ | B | 05 | 고무신을 거꾸로 신다 | 눈에 흙이 들어가 |
| ㅂ | F | 06 | 국수를 먹다 | 김칫국을 마시 |
| ㅅ | I | 07 | 눈에 콩깍지가 씌다 | 국수를 먹 |
| ㅇ | D | 08 | 눈에 흙이 들어가다 | 구색을 맞추 |
| ㅈ | G | 09 | 김칫국을 마시다 | 말뚝을 박 |
| ㅊ | C | 10 | 말뚝을 박다 | 눈에 콩깍지가 씌 |

## Unit 24 식은 죽 먹기예요 P.148

| 워밍업퀴즈 | | | STEP 1 | STEP 2 |
|---|---|---|---|---|
| ㄱ | G | 01 | 기를 쓰다 | 식은 죽 먹기 |
| ㄴ | C | 02 | 발 벗고 나서다 | 개밥에 도토리 |
| ㄷ | A | 03 | 발이 넓다 | 기를 쓰 |
| ㄹ | J | 04 | 비행기를 태우다 | 가닥을 잡 |
| ㅁ | E | 05 | 콧등이 시큰해지다 | 물이 좋 |
| ㅂ | F | 06 | 식은 죽 먹기 | 비행기 태우 |
| ㅅ | I | 07 | 배꼽을 잡다 | 발 벗고 나서 |
| ㅇ | H | 08 | 개밥에 도토리 | 콧등이 시큰해지 |
| ㅈ | B | 09 | 가닥을 잡다 | 배꼽을 잡 |
| ㅊ | D | 10 | 물이 좋다 | 발이 넓 |

## Unit 25 죽이 잘 맞아요 P.154

| 워밍업퀴즈 | | | STEP 1 | STEP 2 |
|---|---|---|---|---|
| ㄱ | I | 01 | 학을 떼다 | 기가 막히 |
| ㄴ | C | 02 | 호박씨를 까다 | 학을 떼 |
| ㄷ | F | 03 | 죽이 맞다 | 입에 침이 마르 |
| ㄹ | A | 04 | 입에 침이 마르다 | 호박씨를 까 |
| ㅁ | J | 05 | 기가 막히다 | 죽이 잘 맞 |
| ㅂ | E | 06 | 깨가 쏟아지다 | 어깨를 으쓱거릴 |
| ㅅ | D | 07 | 바가지를 긁다 | 봉을 잡 |
| ㅇ | B | 08 | 봉을 잡다 | 바람을 피우 |
| ㅈ | H | 09 | 어깨를 으쓱거리다 | 바가지를 긁 |
| ㅊ | G | 10 | 바람을 피우다 | 깨가 쏟아지 |

## Unit 26 어처구니가 없어요 P.160

| 워밍업퀴즈 | | | STEP 1 | STEP 2 |
|---|---|---|---|---|
| ㄱ | C | 01 | 맥이 풀리다 | 고양이와 개 |
| ㄴ | F | 02 | 귀가 얇다 | 산통을 깨 |
| ㄷ | J | 03 | 고양이와 개 | 속 터지 |
| ㄹ | A | 04 | 밴댕이 소갈머리 | 죽을 쒔어요 |
| ㅁ | I | 05 | 쥐구멍을 찾다 | 쥐구멍을 찾 |
| ㅂ | D | 06 | 죽을 쑤다 | 신물이 나요 |
| ㅅ | B | 07 | 어처구니가 없다 | 밴댕이 소갈머리 |
| ㅇ | H | 08 | 속이 터지다 | 어처구니가 없 |
| ㅈ | E | 09 | 산통을 깨다 | 귀가 얇아 |
| ㅊ | G | 10 | 신물이 나다 | 맥이 풀려 |

## Unit 27 골탕을 먹었어요 P.166

| 워밍업퀴즈 | | | STEP 1 | STEP 2 |
|---|---|---|---|---|
| ㄱ | G | 01 | 땅을 칠 노릇 | 쇠고랑을 차 |
| ㄴ | E | 02 | 혀를 차다 | 땅을 칠 노릇 |
| ㄷ | I | 03 | 입에 거미줄 치다 | 콩밥을 먹 |
| ㄹ | A | 04 | 쇠고랑을 차다 | 골수에 사무친 |
| ㅁ | J | 05 | 골수에 사무치다 | 골탕을 먹 |
| ㅂ | F | 06 | 골탕을 먹다 | 머리가 컸 |
| ㅅ | B | 07 | 콩밥을 먹다 | 혀를 차세요 |
| ㅇ | H | 08 | 머리가 크다 | 빛 좋은 개살구 |
| ㅈ | D | 09 | 빛 좋은 개살구 | 입에 거미줄 치 |
| ㅊ | C | 10 | 시치미를 떼다 | 시치미 떼 |

## Unit 28 오지랖이 넓어요 P.172

| 워밍업퀴즈 | | | STEP 1 | STEP 2 |
|---|---|---|---|---|
| ㄱ | D | 01 | 허파에 바람 들다 | 오지랖이 넓으신 |
| ㄴ | F | 02 | 꿩 대신 닭 | 꿩 대신 닭 |
| ㄷ | C | 03 | 콧방귀를 뀌다 | 바람 넣 |
| ㄹ | A | 04 | 총대를 메다 | 손사래 치 |
| ㅁ | J | 05 | 바람을 넣다 | 싱거운 사람 |
| ㅂ | E | 06 | 싱거운 사람 | 입김이 세 |
| ㅅ | H | 07 | 손사래 치다 | 장사진을 치 |
| ㅇ | I | 08 | 입김이 세다 | 총대를 멜 |
| ㅈ | B | 09 | 장사진을 치다 | 콧방귀를 뀌 |
| ㅊ | G | 10 | 오지랖이 넓다 | 허파에 바람 든 |

## Unit 29 어안이 벙벙해요 P.178

| 워밍업퀴즈 | | | STEP 1 | STEP 2 |
|---|---|---|---|---|
| ㄱ | B | 01 | 팔자가 늘어지다 | 배부른 소리 하 |
| ㄴ | J | 02 | 뼈를 깎다 | 팔자가 늘어진 |
| ㄷ | C | 03 | 척하면 삼천리 | 엿장수 마음대로 |
| ㄹ | I | 04 | 입이 짧다 | 어안이 벙벙했 |
| ㅁ | E | 05 | 손이 크다 | 손이 크시네요 |
| ㅂ | F | 06 | 어안이 벙벙하다 | 입만 살 |
| ㅅ | D | 07 | 엿장수 마음대로 | 척하면 삼천리 |
| ㅇ | H | 08 | 입만 살다 | 뼈를 깎 |
| ㅈ | G | 09 | 아귀가 맞다 | 입이 짧 |
| ㅊ | A | 10 | 배부른 소리 하다 | 아귀가 맞 |

## Unit 30 한 우물만 파서 성공한 사람이에요 P.184

| 워밍업퀴즈 | | | STEP 1 | STEP 2 |
|---|---|---|---|---|
| ㄱ | C | 01 | 한 우물을 파다 | 손이 매워 |
| ㄴ | J | 02 | 잔뼈가 굵다 | 한 우물을 파 |
| ㄷ | F | 03 | 말발이 서다 | 골이 깊 |
| ㄹ | I | 04 | 소설을 쓰다 | 물 건너갔 |
| ㅁ | E | 05 | 물 건너가다 | 한술 더 떠 |
| ㅂ | A | 06 | 약을 치다 | 잔뼈가 굵 |
| ㅅ | H | 07 | 입을 맞추다 | 말발이 서 |
| ㅇ | D | 08 | 한술 더 뜨다 | 입을 맞췄 |
| ㅈ | B | 09 | 손이 맵다 | 소설을 쓰 |
| ㅊ | G | 10 | 골이 깊다 | 약을 쳐 |

# Index

## ㄱ

## ㄴ



## ㄷ



## ㅁ

## ㅂ

## ㅅ



## ㅇ

## ㅈ



## ㅊ



## ㅋ



## ㅌ, ㅍ



## ㅎ